中华武术文化理念与教育研究

冯锦华 著

北京工业大学出版社

图书在版编目（CIP）数据

中华武术文化理念与教育研究 / 冯锦华著． — 北京：北京工业大学出版社，2020.6（2021.8 重印）
ISBN 978-7-5639-7530-3

Ⅰ．①中⋯ Ⅱ．①冯⋯ Ⅲ．①武术－体育文化－研究－中国②武术－体育教学－教育研究－中国 Ⅳ．① G852

中国版本图书馆 CIP 数据核字（2020）第 117502 号

中华武术文化理念与教育研究
ZHONGHUA WUSHU WENHUA LINIAN YU JIAOYU YANJIU

著　　者：	冯锦华
责任编辑：	郭志霄
封面设计：	点墨轩阁
出版发行：	北京工业大学出版社
	（北京市朝阳区平乐园 100 号　邮编：100124）
	010-67391722（传真）　　bgdcbs@sina.com
经销单位：	全国各地新华书店
承印单位：	三河市明华印务有限公司
开　　本：	710 毫米 ×1000 毫米　1/16
印　　张：	11.75
字　　数：	235 千字
版　　次：	2020 年 6 月第 1 版
印　　次：	2021 年 8 月第 2 次印刷
标准书号：	ISBN 978-7-5639-7530-3
定　　价：	52.00 元

版权所有　翻印必究

（如发现印装质量问题，请寄本社发行部调换 010-67391106）

前　言

武术文化是中国传统文化、历史文化的重要组成部分。武术文化集中地体现了中华先民的求生智慧与积极的生存态度，是中华民族几千年传统文化智慧的结晶，具有反映民族文化直接性的特点。武术深厚的文化内涵为武术文化的传承提供了丰富的内容，武术传播为武术文化的传承奠定了坚实的基础，使武术文化在传承中得到增值。武术教育传递并深化了武术文化，同时武术文化又为武术教育提供了重要的内容，二者相互促进，相互依存，协调发展。中国传统文化历史悠久、博大精深，在中国传统文化的浸染下，传统武术文化逐渐形成一种文化活动和民族精神需求。同时，传统武术文化也是一种民族所需的文化特性，其中还蕴含着许多更为丰富的内容。

传统武术文化是我国优秀传统文化的代表，它根植于我国传统文化之中，在长期的发展过程中深受我国传统文化的影响，同时也丰富了我国传统文化体系，具有重要的文化研究价值。现阶段，随着我国国力的日益增强和对传统文化保护与传承的重视，传承传统武术文化并促进其发展成为一个重要的社会课题，对当前促进我国文化发展、建设社会精神文明、提升国家文化软实力具有重要的社会意义。

本书在内容编排上共设六章，分别是传统武术概述、传统武术的多维度发展研究、传统武术与中国文化精神、传统武术文化的传承要素、传统武术文化与武术教育、传统武术文化的当代境遇与理论探索。

本书结构严谨、内容丰富，对我国传统武术文化的理念与教育的研究具有一定的理论指导意义。具体特点如下：

①始终坚持"以人为本"的原则，坚持素质和个性化理念；

②系统地阐释了武术文化理念与武术教育，内容全面；

③资料翔实，直观性强，层次分明，步骤清晰；

④语言通俗易懂，集学术性、科学性与实用性于一体。

作者在撰写本书的过程中得到许多专家学者的指导和帮助，在此表示诚挚的谢意。由于学术水平以及客观条件的限制，书中所涉及的内容难免有疏漏与不够严谨之处，希望读者能够积极批评指正，以待进一步修改。

目 录

第一章 传统武术概述 ... 1
- 第一节 传统武术的定义与特征 ... 1
- 第二节 传统武术的起源与发展 ... 5
- 第三节 传统武术的分类与流派 ... 10
- 第四节 传统武术的作用与文化价值 ... 19

第二章 传统武术的多维度发展研究 ... 25
- 第一节 传统武术套路的创新发展研究 ... 25
- 第二节 传统武术的竞技化发展研究 ... 34
- 第三节 传统武术的可持续发展研究 ... 39
- 第四节 传统武术的产业化发展研究 ... 46
- 第五节 传统武术与现代健身的融合发展研究 ... 52

第三章 传统武术与中国文化精神 ... 69
- 第一节 传统武术的文化进程 ... 69
- 第二节 传统武术与中国传统哲学文化 ... 70
- 第三节 传统武术与东方古典美学文化 ... 76
- 第四节 传统武术与中国传统艺术文化 ... 80
- 第五节 我国不同地域传统武术文化研究 ... 85

第四章 传统武术文化的传承要素 ... 99
- 第一节 传统武术文化传承的时代背景 ... 99
- 第二节 传统武术文化传承的功能与发展 ... 101
- 第三节 传统武术文化的传承者 ... 110
- 第四节 传统武术文化的传承 ... 112
- 第五节 传统武术文化传承的文化空间与环境 ... 121

第六节　传统武术文化的传承管理 …………………………………… 124
　　第七节　多元视域下传统武术文化的传承 …………………………… 128
第五章　传统武术文化与武术教育 ………………………………………… 137
　　第一节　武术教育概述 ………………………………………………… 137
　　第二节　武术教育的原理 ……………………………………………… 138
　　第三节　武术教学的方法与要求 ……………………………………… 142
　　第四节　传统武术文化的教育传承 …………………………………… 151
第六章　传统武术文化的当代境遇与理论探索 …………………………… 157
　　第一节　社会转型期下传统武术的新起点 …………………………… 157
　　第二节　经济全球化趋势下传统武术的当代语境 …………………… 158
　　第三节　传统武术文化的保护 ………………………………………… 159
　　第四节　传统武术文化发展的理论探索 ……………………………… 165

参考文献 ……………………………………………………………………… 177

第一章　传统武术概述

传统武术之所以拥有较为丰富的文化底蕴，原因在于其是中华民族悠久历史文化的重要分支，融合了各地的人文文化以及传统养生文化理念，体现出了民族魅力，它是具有综合性特征的实用技术。传统武术产生于人类的生产劳动，同时，作为一项体育运动，它也是一种思想内涵丰富的文化。本章主要介绍传统武术的定义与特征、传统武术的起源与发展、传统武术的分类与流派、传统武术的作用与文化价值。

第一节　传统武术的定义与特征

一、传统武术的定义

中国是传统武术的发源地，武术是中国的一张名片，是中华民族优秀传统文化中不可或缺的一部分。在中华民族文明跌宕起伏的历史进程中，传统武术始终向前发展着。传承和发展传统武术对于树立我国的文化自信、建立文化强国具有非凡意义。

不同人对传统武术有不同的认知和定义，目前尚无定论。有人认为，传统武术形成于农耕文明时代，是中华民族的一项传统体育活动，实践性和功能性都很强。它的价值意义在于通过练习拳法、招式等可以提高身体的击打和抗打击能力。有人认为，竞技武术是进入现代以后，伴随着竞技体育产生和发展的。因为竞技武术与民间人士传承的武术有着很大的区别，所以人们将民间传承的武术冠以传统武术的名称。有人认为，传统武术是一项作用十分强大的身体活动，修身养性、强身自卫、娱乐消遣有机结合，具有深厚的民族色彩。其思想理论源于中国传统文化，关键是培养技击能力，最终目标是领悟攻防技击，体用兼备，将打与练结合为一体。还有人认为，传统武术是在中华民族漫长的历史实践中慢慢发展起来的,是民间各种武术流派的总称,体现出深厚的民族色彩。其思想理论源于中国传统文化,重点是训练功力、拳法、格斗等技术,价值体现为既能强身健体,又能自卫养生。

虽然目前人们对传统武术的定义尚未统一,但是所有说法都具有以下几个共同点:

①它是中华民族传统的体育活动;

②思想理论源于中国传统文化;

③重点内容是训练击打攻防技艺。

明确地界定传统武术有助于加深和强化人们对传统武术的认识。为体现传统武术的内在价值,本书对传统武术的定义是:传统武术形成于农耕文明时代,通过民间习武群体得到传承(当前也是),其历史发展源远流长,风格独树一帜,追求的是清晰的功法套路,且已自成体系,是各门各派拳法的总称。

二、传统武术特征

(一)传统武术的产生背景及活动领域

明确界定传统武术,有利于清楚了解传统武术的产生背景和分布范围,区分传统武术和非传统武术。传统武术的产生背景是农耕文明。传统武术主要分布于中国民间的大部分习武群落中。

(二)传统武术以拳种为准构成的基本单位

传统武术是由不同的门派和流派拳种所组成的文化集合体,每一个传统武术门派都有属于自己的独特拳种谱系。例如,陈式太极拳徒手拳术可分为老架(一路、二路)和新架(一路、二路);传统武术器械主要包含刀、枪、棍等;少林拳派主要套路有少林罗汉拳、心意拳、少林十三抓、少林疯魔棍等。[①]

(三)传统武术流动性的时间特质

传统并不是过去出现且现在不再变化的一种东西,它是指集合过去、现在、未来三者的特点,处于动态变化中的一种发展过程。传统的灵变性很大,不受陈规的约束,一直处于形成和创造之中,其着眼点是不断发展的未来。因此,传统不是早已腐朽落后的废品,而是具有很大发展前景的事物,主要侧重的是未来的新生事物,包括人、事、精神、心理、价值观念、文化等。传统武术也不是一个早已定格和静止的事物,而是一个处于动态发展中,不断完善和优化

---

① 阮纪正. 传统武术文化论纲[J]. 体育学刊,2017,24(6):1-10.

的具有无限可能性的事物。

传统武术文化的产生和发展体现出一定的规律性。流动性是传统武术经历漫长时间发展所呈现的特性。每一代武术人在传承传统武术的同时，都结合自己的时代背景对其加以创新，将个人的理解融入其中，深化其思想意义，使历经千年发展的传统武术得以延续永存，始终保持着新生活力，这也是历史根基深厚的中国传统武术一直闪耀延续于今天的原因。每一代武术人对于传统武术的不断丰富和升华，让传统武术的真正价值得以体现，让传统武术得到延续。这种不断的融合和创新体现了传统武术的流动性，即每一代武术人对于传统武术的理解创新决定了其不断发展的流动性。

理解双方的视域是彼此在历史发展中进行沟通的场所，是互相联系、不断变化的。理解双方的主要职责在于不断延伸自己的视域以融入对方的视域，从而建立融合视域。"视域融合"是一个具有无限可能的统一整体，是历史和现在、客体和主体、自我和他者互动的结果，融合了历时性和共时性。没有所谓的历史视域，也就不存在单独的现在视域。理解视域也是这样，它无法独立存在。

在传统的发展中，视域融合现象十分普遍，新旧两种事物本质上来说没有明确的区别，它们在视域中不断融合创新，发展出一种更有活力的事物。当代传统武术文化的发展要基于传统，面向未来。纵观传统武术发展的历史过程，当代传统武术的舞台表现是相对平稳的，透过融合视域，它不断地反思传统武术文化在过去的发展情况，同时又持续地探寻传统武术文化未来发展的可流动性。

可见，传统武术文化在今天的创新转型必须根植于过去的发展。传统武术文化能够历经千年发展而得以延续至今，并且实现现代转型，其根基在于对传统武术文化的继承。流动性是传统武术不断创新、继承武术传统的关键要素，体现为每一代武术人对传统武术的理解创新，使其得以继续留存于当下，并向未来不断延伸，具有无限的可能性。

因此，流动性在传统武术中的具体表现是能动创造性。它是指在传统武术文化中结合时代特征和社会发展趋势，不断融入新的思想见解，注入新的活力，使其体现出时代特色。

（四）传统武术开放性的空间特质

开放性是传统武术在具体的时代背景发展中所呈现的一大特性。传统武术的发展应当以时代特色为基础，努力学习借鉴同时代的各种先进文化，不断丰富充实自身的思想内涵。因此，传统武术的开放性体现为对时代精神的吸收接纳超越了时空的界限。

传统武术的创新发展应当在继承传统思想的基础上，融合社会时代的发展需求，这既符合社会规律，又顺应社会发展大势。然而，传统武术的实际发展总会出现与社会发展互相矛盾的情况。传统武术文化的发展只有与时代的发展相一致，才能够很好地融入同时代各种先进的精神文化，实现自身的创造性转化，推动传统武术文化的创新发展。

传统武术的发展和社会发展存在互相矛盾的地方。解决这一问题，只能建立或引入新的文化模式，对传统武术形成文化冲击，迫使其不断进行调整，使其内在的文化要素融合新的文化，从而实现传统武术文化的创新发展，建立新的文化理念。

社会存在决定社会意识，因此，无论传统武术的发展是否与社会发展同步，传统武术都必须积极吸收、借鉴同时代各种先进的精神文化，实现自身的创造性转化，保持时代特色，永葆生命活力。太极拳就是传统武术吸收太极阴阳思想的最好例证。形意拳中的五行拳也将五行学说纳入自己的理论体系，利用五行的原理，解释其五种拳法的属性：劈拳属金，钻拳属水，炮拳属火，横拳属土，崩拳属木。五拳相生即崩拳生炮拳，炮拳生横拳，横拳生劈拳，劈拳生钻拳，钻拳生崩拳；五拳相克即劈拳克崩拳，崩拳克横拳，横拳克钻拳，钻拳克炮拳，炮拳克劈拳。

综上所述，传统武术的开放性体现在积极与同时代各种先进文化进行交流，并在外来文化的精神冲击下，适时展开对不符合时代发展要求的文化要素的转化；此外，开放性还表现为传统武术主动地融合新的文化要素和文化精神，使自身的文化要素满足时代发展的需要，实现传统武术文化精神的现实转化。

（五）传统武术不断超越的内在品质

传统武术之所以能够不断地实现创新发展，主要原因在于其内在的流动性和开放性。传统武术的时代发展特征表现为对前一个时代发展的继承，即每一代的武术人对传统武术的创新发展要以继承前代的发展为先决条件。这个先决条件主要针对具体时代下的传统武术发展，其内涵包括两个方面：一是对于先前的传统武术文化的继承；二是对于自己所处时代的社会存在的反映。因此，传统武术的超越发展：一是要融合自己对于时代发展的理解，继承武术先贤们传授的传统武术文化；二是在继承的基础上，顺应时代发展趋势，反映时代特征和社会发展要求。传统武术文化的时代在场性就是在二者的互动联系中形成的。传统武术能否不断发展取决于其能否超越时代局限，迸发新的活力。

传统武术实现超越发展主要体现在两个方面：创造和创新。一方面，传统武术是对前人创造的文化智慧和成果的继承，对于后辈人而言，它是社会存在的客观反映，这是实现传统武术超越发展的出发点；另一方面，后人通过对传统武术创新性转化，使其具有强大的现实基础，赋予其新的内涵价值。这也是传统武术强大生命力的体现。在漫长的历史发展中，传统武术不断结合时代发展需求实现自身的创造性转化，创造发展出新的出场和在场形式。

毫无疑问，每一代人的创新发展活动都需以前人的创造成果为基础，不断吸收借鉴前人的实践思想，努力提升自己的实践能力。从前人的角度看，传统武术的发展和传授只是出于生存需要，后人的职责是在继承前人遗传下来的传统武术的生存技能的基础上，融入所处时代的社会实践要求和发展趋势，对传统武术文化进行创新性发展，同时实现自己实践能力的提升。通过这种方式，传统武术不断地超越自我，得以延续至今。所以，无论哪一代成长起来的传统武术，都能探寻到过去传统武术的身影，同时也能找到新时代下的社会实践特色。

任何传统武术都是处于发展变化之中的，从传统武术不断实现超越发展的角度来看，每一种传统武术的形态发展都与具体的时代背景密切相关，传统武术具有实现不断超越发展的品质，这说明人们推崇原始的传统武术的这一行为并不合理。

明确传统武术的定义和内在特质，有助于人们对传统武术开展深入研究，挖掘传统武术内在的思想价值，为传统武术建立新的文化模式和实现新的发展提供有效的方法。

第二节 传统武术的起源与发展

一、传统武术的起源

（一）武术技击的萌芽

在原始社会中，劳动活动的发展让传统武术得以出现。原始社会的生产力水平非常低，当时的人类都是靠狩猎等方式来维持生存的。在这一过程中，人类掌握了徒手或者利用石头等器具来对野兽造成伤害的方法。这时候的人类还没有对这种搏杀技能进行专门训练，但是这种来自自身的、本能且随意的动作却为武术技能的诞生提供了前提条件。到了旧石器末期，生产工具有了很大的改变和发展。新石器的到来也就意味着弓箭已经开始大范围地进入人类的生活，人类从此开始了狩猎等行为。随着劈、砍、击、刺等技术的不断升级和积累，相应的生产工具也在原来的基础上进行了改进和优化，格斗技术和刀具也开始被广泛运用。这代表着传统武术开始萌发。然而，从本质上来看，这些技能主要还是用于生产活动当中。

原始人群总是会出现一些生存竞争，产生技击的主要原因就是人类和野兽之间的争斗。同时，在人和人之间的争斗中，武术技击得到了进一步发展。原始社会发展到后期，人类对生产力要求开始变高，私有制由此诞生。这时，各个部落之间也爆发了一些规模比较大的战役，例如东方古老神话当中讲到过的黄帝和炎帝、蚩尤以及三苗发生的战争等，这些大规模的战争也将原先用在狩猎方面的武器和技能，用来进行人和人之间的斗争，从而加快了技击技术的发展。

传说中，勇猛非常的蚩尤不仅是徒手搏斗的英雄，还是兵器的发明者。《述异记》记载："蚩尤氏耳鬓如剑、戟，头有角，与轩辕斗，以角抵人，人不能向。"这也同时表明，原始战争对人们徒手擒、拿、摔、打等战斗技能的产生，有着巨大的促进作用。《世本》记载："蚩尤作五兵：戈、殳、戟、酋矛、夷矛。"这表明战争促进了武器的创造与发展。

总而言之，战争的不断爆发，让人类慢慢了解和掌握了战争所需要的一些兵器制作技艺以及格斗技能，这两方面在传统武术中都是最基本的元素。人们通过战争来进行总结和分析，将得出来的技击方法进行不断的练习和模仿，并且把这些经验和技能教给下一代。同一时间，从原先的技术水平上改善出来的一些技击方法也慢慢成为军事训练当中的主要任务。

传统武术开始萌生的另一个标志就是人们开始出现了竞争和战斗意识。

（二）武舞的形成

原始人在发动战争或者狩猎之前和结束的时候，都会出现武舞。武舞就是人们将战争以及狩猎场景真实地模拟出来，同时也将一定的格杀技能根据相应的程序演练出来的一种舞蹈形式。它所包括的范围非常广泛，包含了知识、习惯、技能以及身体训练等内容。武舞充分地展示了原始社会的一种战斗技术，也让传统武术从之前的感性认识开始朝着理性认识过渡。有人认为，武舞当中展现出来的击刺杀伐动作所含有的力量已经超出了大自然的范围。

人们从战争里面获得了关于攻防技能的一些经验，这为之后的武术打下了坚实的基础。武舞将教育、搏斗以及娱乐统一在一起进行训练，它是组成原始社会文化形态的不可或缺的一部分。从本质上来看,武舞主要针对搏杀技能进行训练,同时也传达了威武的气势。由此可见,传统武术的原始形态就是武舞。根据相关记载:在虞舜时期,三苗部族出现了多次的叛乱,舜进行了很多次的征伐也没有将之降服。到了夏禹之后,禹并没有直接去攻击,而是让士兵们拿着盾和斧训练,然后邀请三苗部族人来看这场"干戚舞",而三苗部族在观看完"干戚舞"之后深深地被其展示出来的力量所感染和震慑,也因此对禹臣服。这场自卫演练在原始社会产生了巨大的影响。

到了近代,在保留着一些原始风貌的地区还是可以看得到武舞的影子的,例如纳西族的"东巴跳"武舞,完成这个武舞需要数十人甚至上百人才可以,并且每一个人的手中都拿着武器。另外,一些保存下来的古老岩画里面,也能够发现原始武术的影子。例如云南沧源佤族自治县境内的原始岩画,这幅画将原始武术的灵魂完美地展示出来,画中一部分排列整齐,手中拿着短戈,每个人的身上都散发着威严的气息;还有一部分人的手中拿着的则是方盾,另外一只手里握着中间细而两端相对较为宽厚的兵器,并且两腿保持马步下蹲的姿势。

二、传统武术的产生与发展

(一)传统武术的产生

传统武术是中华民族独特文化所孕育的,它融合了技击和舞蹈等多种元素,具有内外兼修的特点。

夏朝的建立代表了原始社会向奴隶制社会的转变。从此之后,武术正式在军事当中使用,并且开始脱离生产活动,成为当权者进行统治所使用的一种工具。这个时期的武术逐渐变得更加专业化和复杂化。同时,夏朝还建立了与武术相关的教育机构,其中"序"和"校"等机构负责的内容就是传授和训练武术。此时人们将武技叫作"手搏"或者"手格"等。

这种情况持续到殷商时期。在殷商时期,农业文明得到充分的发展,也因此产生了武术训练的另一种方式——田猎。这个时候的田猎并不仅仅是进行狩猎食物,更是一项带有军事意义的活动。"田猎时,进行军事技能训练的将士们驱驰车马、弯弓骑射。"在殷商甲骨文中有大量诸如此类的关于田猎的记载。随着青铜冶炼技术的发展,矛、戈、戟、斧、钺、刀、剑等兵器开始出现。

到了西周,统治者为了维护其统治,让更多的贵族子弟去学习"六艺"。而"六艺"里面的"射"指的是射箭,"御"指的是驾驶战车,训练的内容都是能够和武术产生直接关系的。"乐"是一种产生在周朝的舞蹈,其舞蹈动作就是在四个不同的方位展示出击刺的姿势。后世也将这种舞蹈形式称为"打四门"，它深刻地影响了后世的武术套路。除此之外，这个时期还设立了武术学校，并邀请了武术技能好的将帅进行知识以及经验的传授，这标志着武术文化教育的诞生。

春秋战国时期，奴隶社会开始向封建社会转变。在这一时期，社会动乱最为频繁，每一个诸侯国都在进行战争，抢夺城池，频繁地发动战事。因此，这个时期的人们更加重视武术的练习。那个时候的每个诸侯国所具有的理念就是"以兵战为务"，即重视具有高战斗技巧以及高身体素质的人。据《管子·小匡》记载：为使齐国强盛，齐国宰相管仲实行兵制改革，改革的主要内容包括官兵必须进行实战性武技训练；勇猛而不当兵的百姓皆要问罪。为了发掘人才，提高军队战斗力，齐国于每年的春秋两季都会举行全国性的"角试"，并从中选拔出武艺高强的人才。经过训练的齐军"举兵如飞鸟，动兵如闪电，发兵如风雨，前无人敢阻，后无人敢伤，独出独入，如入无人之境"。这是齐国后来能够成为春秋霸主的重要原因之一。此时，冶金技术也开始发展，这让兵器不论是种类还是质量，都有了大幅度的改变和提升，进而导致春秋战国时期发动的战争形式已经从之前的车战开始转向了步兵以及骑兵，这又为武术技巧的发展提供了更大的发展空间和条件。此时奴隶制已经式微，之前的军队以及奴隶主单方面的武技垄断情况被瓦解，民间涌现出了大量的剑士和剑客。这一现象的产生说明武技开始在民间得到发展，传统武术的基本形式得以出现。

（二）传统武术的发展

1. 秦汉发展时期

秦朝是第一个大一统王朝，秦始皇为了保证自己的统治，不允许民间习武，这严重阻碍了传统武术的发展。

汉朝时期，传统武术再次发展，并且比夏商周时期更加迅速。其主要原因是汉朝本身对于武备以及军事训练就很关注，在武术传承和发展上使用了"兵民合一"以及"劳武结合"的方法，营造了民间的尚武之风。同时，很多关于武术方面的理论著述也开始出现，并在著作里面第一次讲述了"武德"等方面的关于行为规范的内容。这代表着武术理论体系的产生。

2. 魏晋南北朝发展时期

魏晋南北朝时期出现了民族大融合的现象。传统武术依然在民间盛行。当时的统治者对于武术所具有的艺术价值是非常重视的，这也让传统武术开始具有娱乐性。那个时期出现的角抵戏、刀剑表演甚至武打戏都是其娱乐性的体现。南北大融合也让佛教以及道教思想开始对传统武术产生影响。

3. 唐宋发展时期

唐代无论是政治、经济还是文化和社会环境都比较开明，传统武术也在这一时期迈向了另一个顶端。唐朝把武术作为科考的一种，被称为武举。武举的产生为普通百姓提供了一条新的仕途之路，也让传统武术开始面向平民社会。另外，唐朝时期的武学思想也能够和文学发展持平，甚至有的文人墨客还更加地推崇武学。"初唐四杰"之一杨炯就是其中的一位，在他所作的《从军行》中，就有诸如"宁为百夫长，胜作一书生"这样的诗句。

宋代开始频繁的爆发战争，这也让军事武艺得到了快速的发展。同时，武器类型也更加丰富，例如弓、弩、刀、枪、铜、棒等。这些武术器械的出现对后世武术器械和技巧的发展起到了促进作用。同时，针对敌人的来犯以及上层社会的不断压迫，民间开始出现了武艺之间相互结社的现象，例如当时影响力比较大的"弓箭社"以及"英略社"等。这种现象的出现，促进了民间传统武术的迅速发展。

4. 元明清发展时期

元朝时期，元曲的发展使得传统武术被用于文艺戏曲当中，进一步促进了传统武术朝着表演化的方向发展；同时，元朝统治者为了阻止人民的反抗，不但增强了军队的武技，还在民间制定了不允许学习武术的有关制度，这对民间武术的发展造成了不好的影响。

明清时期，传统武术逐渐分为民间武术和军事武术两种。民间武术在这一时期开始大范围地发展，招式套路也逐渐变得更加成熟和稳定，这为后世的流传提供了便利，也为传统武术在体育教学中的发展打下了良好的基础条件。

结合传统武术的整个历史发展历程以及每个时期所展示的特点，可以发现，传统武术的主要任务就是将武德修养意志进行体现和突出，将它们的体用兼备表现出来，彰显其风格特点，同时兼具理、法、势，可以实现身心意志精神的共同发展。这是传统武术和现代竞技的本质区别。

第三节 传统武术的分类与流派

一、传统武术的分类

我国传统武术的文化源远流长,蕴藏着巨大的学术价值。在历史的长河中,传统武术发展出多种类型,如套路、技击和功法等形式。

(一)套路运动形式

传统武术套路运动是以踢、打、拿、击、刺等为基本动作,并在整套练习中融入攻守进退、动静疾徐、刚柔虚实等变化规律的徒手和器械的套路演练。传统武术的套路运动按演练的形式可分为单练、对练和集体演练三种类型。

1. 单练的形式

单练是指单人练习的套路运动。拳术和器械都是单练的范畴。

(1) 拳术

拳术,即徒手技击术,是我国古代民间广为流传的一种技术。不同时期的拳术随着历史的发展有着不同的时代特征。[①]

力道与套路是拳术的两大重要特点。据史料记载,"手搏""角抵"都是拳术的主要内容。根据我国武术的发展历史沿革,在汉朝时期,我国在剑术之后出现了拳术,并逐渐发展起来。随着时代的推移和我国传统武术的发展,拳术受到越来越多的重视,越来越多的门派研习拳术,从而形成了拳术套路的多样性特点。中国拳术可以分为四大类:一是形意拳、八卦拳类;二是通背拳、八极拳、翻子拳、劈挂拳类;三是地躺拳、象形拳类;四是少林拳、太极拳、各门派的传统南拳以及戳脚等其他拳术。

形意拳又称行意拳,相传是由宋代的抗金名将岳飞所创的。它以动作整齐简练、严密紧凑、发力沉着著称,是我国汉族人民的传统拳术之一。形意拳以力量训练为主,以三体式为基本桩法,以五行拳(劈、崩、钻、炮、横)和十二形拳(龙、虎、猴、马、鸡、鹞、燕、蛇、骀、鹰、熊)为基本拳法。形意拳近年来已经被广泛应用于医疗体育领域,由于其动作中正不倚、打法可刚可柔,因此,即使是体质偏弱的人也可以练习。

八卦拳,亦称八卦捶,相传在清代乾隆年间始有传习。八卦拳属少林体系拳术,套路共分二十四路,分为上八卦、中八卦、下八卦,上、中、下八卦各

---

① 王纳新,于秀. 传统武术文化的道家渊源与精神[J]. 山东体育学院学报,2017,33(3):59-62.

分八路。拳蹽路为直线一来一回,动作刚猛,朴实无华,强攻硬进,全称"游身八卦连环掌",也是内家拳的一种。关于八卦拳的提法,很多资料将其与八卦掌混为一谈。历史考证发现,八卦掌是由清代董海川创立的。其人乃是河北省文安县人,曾游历江南,并受到了当时道家修炼功法的启发。董海川将道家功法与武术相结合,并在此基础上加以整理,形成了这种带有道家内修涵养理念的八卦掌。八卦掌将技击与养生合二为一,沿圆走转,身体轻快,步法灵活,具有势势相连,寓无穷变化于脚步之中的特点。

通背拳,相传是由清朝末年的祁信创立的。通背拳的主要特点是伸臂动作不同于其他拳法,是由背部发出的。在近代,通背拳在北京、天津等地广泛流传。与一般拳法比较,这种拳法的拳或掌的手形较为丰富多样,其运动特点是出手为掌,击手成拳;腰背发力,放长击远;甩膀抖腕,立抢成圆;大开密合,击拍响亮,发力冷弹脆快。

八极拳风格极其独特,在我国传统武术的发展史上自成一派,又经后代武术传人的精研打磨,得到了大力的发展和流传。八极拳属于短打类型,是拳术里面不可或缺的一种套路。八极拳的主要内容是贴身近攻,例如挨、傍、挤、靠等。八极拳的特点包括贴身近攻、起落刚猛、节奏短促、走势猛烈,非常鲜明。

被视为中国武术精华之一的翻子拳,在明代被称为"八闪翻"。该拳法以直拳为主,并十分注重腰力的使用。翻子拳的拳法理论认为,以腰力贯穿其身法,可使两拳快似闪电,密如疾雨。翻子拳在实战中非常实用,往往使人防不胜防。翻子拳讲究动作一气呵成,具有步疾手快、身势闪摆、翻转灵活、双拳交替快速的运动特点。

劈挂拳古称"披挂拳"。劈挂拳于明代中期开始盛行,是一种以猛劈硬挂为主、长击快打、兼容短手的拳术。其运动特点是远则长击、近则抽打、可长可短、可收可放、吞吐含放、翻滚不息。

地躺拳又称为地功拳、八折拳,其拳术内容主要包括跌、扑、滚、翻等摔跌技术。其运动特点是腰身灵活、跌法巧妙、顺水推舟、起伏闪避、一气呵成。地躺拳的技巧性较强,其打斗技术除了打击法之外,多半是利用杠杆原理,并通过高难度的动作来击倒敌人,再予以擒拿。

象形拳起源甚早,说它是拳法鼻祖也并不为过。象形拳是模仿某一动物的技能、特长和形态,或模仿某种特定人物的动作形态,结合攻防技法而编成的拳术。象形拳具有以形取势、以意传神的特点,不仅重其形,而且更重其意,心动形随,形象生动活泼,技巧性强。

少林拳因嵩山少林寺而得名,在众多拳法中拥有武术正宗的崇高地位,为少林武术的总称。注重技击、立足实战的少林拳建立在中国古代健身术的基础上，其套路结构短小精悍、严密紧凑、巧妙而多变。动作起、落、进、退多为直来直往。少林拳的主要套路有少林五祖拳、小洪拳、大洪拳、罗汉拳、梅花拳、七星拳、柔拳等。少林拳形成于明末清初，其以嵩山少林寺武术为基础，博采众长，融会贯通，并吸收了当时北方多种拳派的核心，加以改良形成。少林拳的特点是变换灵活自然，走势和顺。少林拳的步法兼具轻盈敏捷和坚实稳重的特点，其内容极其渊博，技术也十分精湛。

太极拳的运动特点主要表现为柔和缓慢、圆活、均匀且连贯。它以掤、捋、挤、按、采、挒、肘、靠、进、退、顾、盼、定等为基本运动方法。太极拳的派系繁多，但具有共同的特色。太极拳的核心是用意识引导动作。只有保持平和宁静的心理状态才能获得身体上的放松和自然，达到身心一致的效果。太极拳讲究整体性。心意与身体是一个整体，身体各部分也是一个整体，只有保证心意相通，做到从内而外的自然，同时稳定身体的重心，达到轻松不失沉稳、柔和不失刚强的效果，才能使太极拳的动作如行云流水般自然、协调、连贯、一气呵成。

南拳是流行于南方各地的拳种，所以又称南方拳。南拳拳种流派很多，比较有名的有洪拳、刘拳、咏春拳、五祖拳、广东洪家的伏虎拳等。南拳自其形成以来，受师承关系的演变，以及北方地区武术的影响，打法变化种类繁多，且各有千秋。整体来看，南拳的打法较为刚烈强硬，走势稳固。从技击层面看，南拳具有以小、以巧取胜的特点，使其自成一体。

戳脚是北方一种以腿脚功夫为主的拳术。相传起于宋代，盛于明清。其运动特点是架势开展，刚健快捷，放长击远，灵活多变，刚柔兼施，以腰为主，手脚并用，脚力向下带臀发腿，向上带肩背发手。主要步法有玉环步、转趾步、倒插步、旋转步等。相传武松打虎就是用了戳脚的套路。戳脚的套路分为武趟子和文趟子，武趟子是戳脚最原本的套路，文趟子则是戳脚发展和变化后的套路。

（2）器械运动

器械运动是指手持武术兵器进行练习的套路运动。

传统武术中使用的器械主要包括各种兵器及练习传统武术时的附属辅助用品。器械主要由古代兵器演化而来，除了用于实战外，在其发展过程中也常被用于演练、防身或健身。器械的种类繁多，大体上可分为短器械、长器械、双器械和软器械四种。短器械主要有剑、刀等，长器械主要有枪、棍、大刀等，双器械主要有双刀、双剑、双钩、双枪、双鞭等，软器械主要有三节棍、九节鞭、绳标和流星锤等。

剑术的历史比拳术还要悠久。剑术套路以刺、点、撩、截、崩、挑等剑法为基础，并辅以步型、步法加以完善。其运动特点是轻快灵活，潇洒飘逸，富有韵律，有"剑如风飞"的美誉。

刀术指的是刀（官刀、牛尾刀、柳叶刀、双刀、双手刀、朴刀、斩马刀、大刀等）的各种使用方法，主要包括劈、砍、斩、撩、扎、挂、刺等。其运动特点是勇猛快速，简练流畅，气势浑厚。

枪是由古代器械矛演变而成的，可分为大枪、花枪、双头枪。枪术以拦、拿、扎、崩、点、穿、挑、云、劈等枪法为基础，并结合各种步型、步法、跳跃构成套路。其运动特点是虚实相生，变幻万千，不动如山，动如雷霆。

棍术是以棍为传统武术器械进行的各种武术运动的总称。棍术套路主要以抡、劈、扫、挂、戳、击、崩、点、云、拨、绞、挑等棍法为基础，并辅以各种步型、步法、身法。其运动特点是勇猛快速，密集如雨，有雷霆之势。

大刀是长器械的一种，种类颇多。其运动特点是双手握持，以腰力发劲，气势雄浑威武，勇敢果断。其基本刀法为持、扎、劈、砍、撩、反折、平折、切、扑、击、点、刺、抽、抹、夹花、单花、拖、拉、拔、挂、画、挂、挑、削、绞、挡等，结合舞花等动作构成天罡刀、混元刀、春秋刀、定未刀、岳胜刀等多种套路。

从刀的形状来看，双刀与单刀差别不大。其对合的两侧分别是半个护手盘和无刀盘，合并之后与单刀相似。从运动来看，双刀的优势是刀法较为密集，并且双刀因其结构可以严密贴身使用，做到左右兼顾。在运动过程中，双刀的主要套路是将劈、斩、撩、绞等与双手左右缠头或者交互抡劈等结合起来，对刀法加以整合。使用者在这个过程中必须具备良好的身体协调能力，尤其是上下肢。

与双刀相似，双剑对合的两侧合并起来可以成为一个完整的剑。双剑的运动特点是剑和身体互相跟随移动，紧密相连，步法灵活。双剑的套路是穿、挂、云、刺等。双剑剑法的辅助套路是身法、步法、双手替换等。

双钩起源于古代的兵器"戈"，并由其推进变化而来。双钩的主要套路有勾、锁、挂、搂等。双钩的运动特点是能够和身体紧密贴合，互相跟随移动。双钩的运动灵活优美，变换多端，看起来十分优美。

九节鞭得名于其构造：中间八节外加鞭把以及鞭头。九节鞭的主要套路是抡、扫、缠、挂、舞花等。可以根据其运动形式和规律特点将九节鞭进行分类，包括平圆类、立圆类和斜圆类。九节鞭的运动特点是收放自如，变化万千，翻转走势接续不断。

三节棍的主要套路是抡、扫、劈、戳和舞花。三节棍，顾名思义，有三节首尾相连，每一节都可以使用。三节棍的特点是轻巧灵活。在其使用过程中，可以根据需要变化长短和伸缩。但是由于三节棍的方向变化多端，因此不容易掌握。

绳标，相较其他器械看来，具有较强的技巧性。绳标的主要套路是将一根长索在身体附近进行翻飞缠绕。这里的"身体"主要包括身体前后部位，也包括颈部、肘部和腿部等。绳标的主要特点是出击和收放自如，不受器械构造上的约束，变化多端。由于绳索的使用主要依靠巧劲，因此在操作上有一定的难度。

2. 对练的形式

我们将大于等于两个人的对手练习，称之为对练。对练包括三种主要的形式。

（1）拳术对练

拳术对练的主要套路是按照攻防格斗的运动规律编成的。拳法、腿法和摔法这三种攻防格斗技术是徒手对练常用的技术。对打拳和对擒拿是主要的拳术对练形式。此外，南拳和形意拳也在对练的范畴之中。

（2）器械对练

器械对练的主要套路由器械的技击方法组成，如劈、砍、击、刺、缠等。其中短器械的对练形式主要包括对刺剑和对劈刀。长器械对练形式主要有三节棍进棍等。长短器械对练以单刀进枪为主。单双器械对练则以双匕首进枪为主。

（3）徒手与器械

徒手与器械对练是指对练双方一方徒手另一方持器械。这种攻防练习的形式主要包括徒手夺刀、对三节棍或双枪。该对练形式的难度相比拳术对练和器械对练要高，因此对练习者的要求也要高很多。徒手与器械对练要求练习者的基本功相当扎实，同时对练习者的协调能力和心理素质也有着较高的要求。

3. 集体演练的形式

多人集体进行的演练称为集体演练。集体演练的形式包括多人徒手、器械或多人集体徒手与器械。根据《东京梦华录》的记载，在宋代我国就有了集体演练的形式，参与者少则数人，多则近百人。武舞是集体演练的基础和原形，它在经历了历史的传承、发展与演变后才成为今天的样子。

（二）技击运动形式

1. 散打

散打专指外家拳类的格斗对抗形式。散打这种技击的称谓具有比较悠久的历史。在武术发展的历史长河中，不同的时期对散打的命名也不同。散打曾被命名为相搏、手搏和白打等等。另外在我国民间，散打也被命名为打擂台，这是由于民间散打的实战通常在擂台上进行。与散打相对应的就是整套套路。将整套套路的攻防技击动作拆分开来，抽离成为单独的训练套路，经进一步演变推进形成的技击运动形式就是散打。散打包括了拳打脚踢，也包括了整套套路中的擒拿和摔跤等。

2. 太极推手

太极推手也称打手，是太极门的技法训练项目。在训练的过程中，对练的两人需按太极拳原理和技击化解对方劲力，使对方失去平衡。它不使用有距离击撞的打踢技法，而是从双方上身接触后发动。太极推手用的是巧劲而不是硬力，讲究"粘连黏随""不丢不顶""以柔制刚""四两拨千斤"。它多以弧线运动化解对方的直线之力。相对于其他拳法，太极推手的训练更为安全且不受场地的限制，因此深受广大群众欢迎。

（三）功法运动形式

短兵运动和长兵运动是功法运动的两种形式。在特定比赛规则下，双方在竞技项目中各持短器械进行对抗的行为，被称为短兵运动；比赛双方持长兵器的竞技项目被称为长兵运动。因此，运动形式的区别取决于比赛双方在竞技项目中所采用的器械。

二、传统武术的流派

传统武术在逐渐发展的过程中不断变化和完善，进而衍生出了众多武术派别。各武术流派之间有着不同的武术风格和技术特点，且各有所长。简单来说，传统的武术分类有长拳类与短打类、内家拳与外家拳、黄河流域派与长江流域派、南派与北派、少林派与武当派等。此外还有一些按照姓氏划分的流派，以太极拳为例，可分为陈式太极拳、杨氏太极拳、吴式太极拳、武式太极拳和孙式太极拳等。

（一）长拳类与短打类

长拳是武术中的重要拳种之一，通常在出手或出腿时以放长击远为特征，有时在出拳时还配合拧腰顺肩来加长击打点,以发挥"长一寸强一寸"的优势。查拳、花拳、炮锤、洪拳均属长拳系列。明代戚继光在《纪效新书》中介绍的当时流行的拳法有"长拳""短打"的分类,记载了"势势相承"的宋太祖三十二式长拳,还有"张伯敬之打""李半天之腿""千跌张之跌"和"鹰爪王之拿"等不同流派。

短打指的是动作幅度小、贴身近战、短促而多变的拳术。明代程宗猷的《耕余剩技·问答篇》中对短打又有清楚的记载:"短打有绵张任家之类。"

(二)内家拳与外家拳

内家拳,是一种重要的武术类别。其典型代表是武当派。武当派的创始人是张三丰,其所创立的太极拳法极负盛名。因此,这种用于内修的拳法被视为武当派的代表。在内家拳中,峨眉派也享有极高的声誉。峨眉拳博采众长,技法独特,风格迥异。峨眉拳分为四大家和四小家。其中四大家指的是赵门、僧门、杜门和岳门。四小家指的是字门、洪门、慧门和化门。峨眉派推崇女子指柔。在峨眉派创立初始,不招收男性弟子。随着后期的发展,峨眉派逐渐开始招收男性弟子,从而借鉴各门派的长处,丰富了自身的发展。

武当派和峨眉派擅长以动制静,是内家拳的代表;少林派则是外家拳的代表。

(三)黄河流域派与长江流域派

民国初年出版的《中国精武会章程》等书中,使用了"黄河流域派"与"长江流域派"的分法,这是划分南北方武术的笼统方法。以江河流域为界,不同区域的武术有着不同的风格特点,因而在此划分上又衍生出了许多不同的小流派。

(四)南派与北派

按照我国的地域,可将武术学派分为南派和北派。南北派别的划分是基于流传地域的,并同时受到地理环境和南北气候差异的影响。其划分通常以黄河和长江为界。南北派的说法最早出现在民国时期的《北拳汇编》一书中,作者是陆师通。此后南北派的称呼得以流传。

黄河流域以北是北派,北方人的身体较为健壮,性格较为直爽。这与当地寒冷的气候和平坦的地形有密切的关系。因此北方人在拳式上,擅长长拳阔步的技击方法,深谙以进取胜之道。除此之外,在腿法上,北派的动作也较为丰富,通常具有快速有力的特点。

长江流域以南是南派，南方人的性格较为温和。这与南方温和的自然气候和丘陵的地形密不可分。南方人的拳式通常采用小步的技击方法。因此南方人讲究以机取胜。南派的拳法以短小有力、动作紧凑著称。而在腿法上，南派的腿法比北派少得多。

"南拳北腿"的说法来源于南北两派在拳术和腿法上的显著差异，这种差异正是受到了地域和气候环境的影响。

（五）少林派与武当派

按照单一的划分方法，可将武术流派划分为五大派别，包括少林派、武当派、昆仑派、峨眉派和崆峒派。在这其中，少林派为外家拳，以刚见长，而武当派为内家拳，以柔著称。

（六）按姓氏划分的太极拳派

1. 陈式太极拳派

陈式太极拳由著名拳师陈王廷创始于明末清初，所创老架路五套，经陈氏世代传习、演化，又增新架路两套。经过精心编排的这几路太极拳的动作、速度、强度、身法和劲道各有不同。以前三路为例，第一路动作简单，柔中寓刚，柔多刚少，以缠丝劲的锻炼为主，行气运动时以"掤、捋、挤、按"四正劲的运用为主，以"采、挒、肘、靠"四隅手的运用为辅；而第二路的动作则较为复杂，疾速紧凑，刚中寓柔，刚多柔少，用劲以"采、挒、肘、靠"为主，以"掤、捋、挤、按"为辅；第三路以刚发劲为主，强调震足发劲，并注重蹿蹦跳跃、腾挪闪展的步法锻炼，体现的是柔缠中显刚、快、脆的特点。

传统套路有头套（六十六式）、二套（二十七式）、三套（二十四式）、四套（二十三式）、五套（二十九式）、长拳一百零八式、炮捶（俗称二路七十一式）、器械（刀、枪、棍、钩等多种）、对练套路、老架二路四十二式、小架一路六十四式、老架一路七十四式、新架一路八十三式、竞赛套路五十六式等。

新编套路有陈式心意混元太极拳四十八式、陈式心意混元太极拳三十二式（又称三十二式炮捶）、陈式二十四式、陈式心意混元太极剑及美人太极剑、陈式太极拳三十六式普及架等。

在锻炼陈式太极拳的时候，练习者要注重自身意、气、身三者的密切配合，以意行气，源动腰脊，旋腰转脊，节节贯穿。在推手中，以缠绕粘随为主，并注意运用"掤、捋、挤、按"，做到"纵放屈伸人莫知，诸靠缠绕我皆依"；

在粘贴缠绕过程中，还要做到听劲懂劲、借力制动、发劲制敌。

2. 杨式太极拳派

杨氏太极拳派的创始人是河北省永年人杨露禅，其师承陈长兴。陈长兴是河南省温县陈家沟人，擅长陈式老架太极拳。杨露禅与其后辈杨健侯和杨澄甫在陈式老架太极拳的基础上，创新整编形成如今的"杨式太极拳"，流传极广。此拳派摒弃了纵跳、震足和发劲等陈氏老架的动作，杨露禅之子杨健侯将其修订为中架。后来中架经过杨健侯之子杨澄甫进一步完善和改进，成为杨式大架。杨式太极拳拳架结构严谨，身法中正，动作和顺，舒展简洁，刚柔内含，轻灵沉着，轻松自然。杨式太极拳的姿势平正朴实，练法简易，由刚入柔，刚柔相济。

传统拳套有四路：大架、长拳、中架及小架（亦称用架和快架）。一些人把杨澄甫大架再次简化成更短的拳架，如八式、十六式、二十四式、四十八式竞赛及四十八式等，因更为符合现代人的生活习惯而被广泛流传。其中最为经典的改编套路就是现今众所周知的二十四式简化太极拳。

3. 吴式太极拳派

吴鉴泉，河北省大兴人，其父吴全佑从师于杨露禅。吴全佑曾对杨式小架太极拳进行过调整和改进。

吴鉴泉从师杨班侯，杨班侯是杨露禅次子。吴鉴泉在其父吴全佑的基础上，对杨式小架太极拳进行了进一步修润，使之成为"吴式太极拳"。吴鉴泉所创建的全新的吴式太极拳动作柔化轻松，步态连绵，风格独特，展现出一种静态之妙。拳架虽然小巧，由开展而紧凑，但具有大架功底，在紧凑中自具舒展，不显拘束。推手时，端正严密，细腻熨帖，守静而不妄动，以善化见长。吴式太极拳有单人推手法、双人推手法（亦称打轮）；套路有二十四式、四十五式、三十七式、一百零八式等。

4. 武式太极拳派

武式太极拳由清末河北永年人武禹襄创编。武式太极拳既不同于陈式老架和新架，亦不同于杨式大架和小架，它学而化之，自成一派。武禹襄借鉴了李呈芬《射经》中有关身法的要点，总结提出了"提顶、吊裆、含胸、拔背、松肩、沉肘、裹裆、护肫"的身法八要。到了第四世，郝月如先生又增加了"腾挪、闪战、尾闾正中、气沉丹田、分清虚实"，成为十三条。武式太极拳有着简洁连贯、舒缓平稳的动作，架势虽小而不局促，左右手各管半个身体，不相逾越。手伸出时不超过足尖，收时不紧贴于身；在进退旋转的过程中，胸部和腹部始终保持中正；迈步时足尖先着地，然后再徐徐放下足跟；弓步时前腿膝盖不得超过足尖,后腿不得挺直高拔。拳势讲究起、承、开、合,用内功的虚实转换的"内气潜转"来支配外形,并进而达到意、气、形三者合一的境界。其套路有十三式、四十六式、八十五式、一百零八式等。

5.孙式太极拳派

河北人孙禄堂,自幼酷爱武术,从师李魁垣学形意拳,继而从学于李之师郭云深,又从师程廷华学八卦拳,再从师郝为真学太极拳后,经多年研练而功夫深厚的孙禄堂将形意、八卦、太极三家拳术的精义融为一体,继而创造了"孙式太极拳"。孙式太极拳具有进退相随,迈步必跟,退步必撤等特点,其动作舒展圆活,敏捷自然。练时双足虚实分明,全套练起如行云流水,绵绵不断。由于孙式太极拳要求练习者在转身时要以"开""合"相接,所以又称"开合活步太极拳"。其套路有二十四式、四十九式、七十三式等。

第四节 传统武术的作用与文化价值

一、传统武术的作用

从实用性的角度,我国传统武术具有强身健体、防身自卫、修身养性、观赏娱乐等多种用途,它可以锻炼人的身体素质,促进人的身心健康。

(一)强身健体的作用

现代社会的人们比以往任何时代都重视身体健康,这种变化并不是偶然的,而是社会发展的大势所趋。如今人们已不再把健康等同于没有疾病,而是将健康理解为一个人在身体、心理等方面都处于良好的状态。传统武术需要精神、意、气与动作高度结合,习练武术不仅可以强身健体,还可以修养身心。传统武术强调的是内外兼练,身心双修。通过联系,对外可以强筋骨、利关节、壮体魄;对内可以通经脉、调精神、理脏腑。

传统武术的许多功法都强调用意识引导动作,长期锻炼对调节人体内环境、改善人体机能、增强身体素质具有重大作用。系统科学地进行武术锻炼,可以有效增强人的速度、力量、灵敏、耐力、柔韧、协调等素质。此外,传统武术要求习武者以一颗乐观、向上的平常心待人接物,在社会上与人和谐交往。这对于保持个体身心健康、调节个体的精神和情感具有重要意义。

（二）修身养性的作用

我国传统武术秉承人与自然融合的"天人合一"哲学思想，追求人与自然、人与社会、人体内外的和谐统一，这对当代社会综合性人才的培养具有不可低估的作用。

传统武术蕴含了我国的传统文化特点，注重个人内在世界的培养，强调礼仪及道德的重要性，主张个体全面人格的内在修养，呼吁人们不仅要掌握广博而扎实的科学文化知识，还要具有强身健体、修养身心的意识和乐观向上的人生态度。

二、传统武术的文化价值

我国传统武术能在几千年的流传中长盛不衰，与其蕴含的深厚文化价值密不可分。传统武术是我国传统文化的代表之一，在几千年的发展过程中融合了儒、道、佛三家思想，以及古代兵学、中医、养生、舞蹈、戏剧等多种传统文化艺术，并有效汲取了不同时代的优秀文化，逐渐从一种搏斗技术转变为德、技兼备的"技击文化"。由此可见，传统武术能够得以传承，不仅因为它能够解决安全问题，提高修习者的身体素质和反应能力，还因为它具有丰富的文化内涵和重要的文化价值。

传统武术作为一种文化形态，具有与众不同的本质和特征，它所蕴含的思想内涵、文化内核系统且连续，是中国五千年文明的重要组成部分。中国传统武术文化的独特性主要体现在以下两个方面：①传统武术是一种独特的民族传统文化，它以中国文化理论为基础，与中国传统的哲学、美学、伦理学、兵法学、中医学等多门科学紧密相连；②传统武术是我国运动文化的重要组成部分。传统武术具有的深厚文化底蕴、自成一派的运动风格、宽泛的内容体系、井然有序的功能结构，这些都是其他体育项目所不具备的。

纵观传统武术发展史，其文化价值主要体现在以下几方面。

（一）传统武术淡化竞争意识

根据人类社会的发展历史来看，竞争可以推动社会不断向前发展，在现代社会也不例外。我国传统文化讲求"中庸""礼让""不为人先"，形成了一种蔑视竞争、抑制竞争的社会文化氛围。长期被我国传统文化浸润的传统武术，也同样缺乏竞争意识。因此，习武者不追名逐利，而是竭力追求德和力的统一（武术思想一向推崇"尚武崇德""武以养德"的武术思想，认为只有同时兼顾"德"和"力"才能发挥武术的真正价值）。所以，通过习练竞争意识淡薄的传统武术，不仅有利于促进习武者的全面发展，还可以帮助习武者形成顽强的意志品质、高尚的道德情操和自强不息的精神。

（二）传统武术注重对人格的塑造

当今社会，人们将强健的身体和深厚的知识作为社会强者的标志，而忽略了内在人格的作用。这不仅不利于个体意志的增强和自我价值的实现，更制约着整个社会的进步。

传统武术作为东方文化的典型代表之一，尤其强调个人内心世界的深化。习练武术有助于实现人格的修养。传统武术所蕴含的文化思想可以有效弥补个体人格上的不足。在习练传统武术时，习武者必须应在提高自身道德涵养的前提下，接受师父的传授，在长辈的指点中逐步提高自己的武术修养。重义守信是习武之人的行为方式，其中守信具体指"言必行，行必果，已诺必诚"。这一行为准则不仅是习武者实现自我价值的关键，也是彰显武术社会价值的重要手段。

古往今来，习武之人总给人一身正气的感觉。这既是武学中"神"的外在表现，也是"道"与"艺"有效结合的结果。此外，"谦和仁爱"也是习武之人的一个重要修养，它强调习武者遇事应懂得忍让，尽量不以武力解决问题。总之，传统武术的习练讲求内外兼修，习武者想要获得上乘武术就必须提高个人道德修养。

需要强调的是，此处的"内在人格修养"，并非传统文化伦理的"中庸和平"（文弱、温顺、受制于人）人格，而是顺应时代发展，满足社会需求的一种全面发展的人格，即不仅要身心健康，还要具备较强的工作能力，具有乐观向上的人生态度以及高度的责任感和使命感。除此之外，传统武术所追求的人与自然、人与社会、人自身内外的和谐统一也在潜移默化地作用于当代人的全面人格塑造。

（三）传统武术注重个人技艺的纯熟

相比西方文化强调外在知识，中国传统文化注重培养成熟内在的人格。例如，中国习练武术时，不仅要注重动作标准规范，还要格外注重神韵的展现。而神韵的获得往往需要习武者具有纯熟的技艺。武术、气功之所以被看作中国传统体育文化的代表，主要是因为它们都具有阴阳二气组合的生命律动，侧重于在姿态的意境里展现人格。

（四）传统武术注重武德与武艺的统一

中华武术武德观念突出表现为"德"与"艺"的统一。我国传统文化一直都主张社会和个人道德理想的共同实现，即使儒、道两大家也把完善自我发展看作生命的价值所在。作为礼仪大国，我国任何一种文化的道德水准都是衡量社会进步和发展的一大指标。

长期被我国传统文化浸润的传统武术，在发展过程中形成了别具一格的道德要求和评价体系，为传统武术文化增加了一道灿烂的色彩。就传统武术的练习来说，比起武技，人们往往更看重武德。传统武术界流传的谚语——"未曾学艺先学礼，未曾习武先习德"中的"道德至上"理念就说明了武德教化对武术传授的重要性。

纵观我国传统武术，任何一个武术项目都具有东方文明的文化内涵，即争斗而有礼让、有力而不粗野、技艺纯熟而不悬浮，情绪饱满且含蓄委婉，具有观赏和精神追求等价值；任何一个武术项目都呈现出东方文明的典型特征（以优美为主），如套路表演，而非西方文明中的壮烈、惊险、刺激性强的审美取向。综上所述，我国传统武术注重武德和武艺的统一，强调以本质特征（感性活动）为基础，并在此之上加入理性因素。

（五）传统武术注重务实精神和恒久意识

农业生产方式和生活方式铸就了中国文化的精神，产生了中华民族特有的"务实精神和恒久意识"。而这种精神和意识使得中国文化具有鲜明的"重实际，黜玄想"的特征，形成探索"变易中的不变""有限中的无限"，追求人生、社会、宇宙永恒、久远的处世观和行为观。武术谚语中"一日练一日功，一日不练十日空"等就充分展现出先辈们在"务实精神和恒久意识"的文化特征影响下形成的武术习练的恒久意识和态度。

习练传统武术讲求终身性，也就是说，人们对武术最高境界的追求是没有尽头的。传统武术的务实精神和恒久意识，体现在习武者生活的方方面面，如"拳不离手""拳练千遍，身法自然"等武术思想充分反映了习武者的务实精神。对大部分传统武术习练者而言，习练武术是为了提升自己的思想境界，由于武术是无止境的，没有最高境界，因此习武者必须树立恒久意识。传统武术正是在习武者无止境地追求武术最高境界的过程中传承中华民族恒久、务实的精神品质。

（六）传统武术具有文化传承的功能

传统武术长期浸润在中国传统文化和东方哲学思想下，形成了自己宏伟的科学体系。其具体表现为，传统武术不管是拳理拳法，还是具体动作，都具有浓厚的中国传统文化气息。传统武术包含了中国传统文化的多种特色内涵，并将其生动地展示出来。因此，可以将武术习练者看作中国民族传统文化的继承者。

在武术界对中国传统武术的内涵有很多不同的看法，而最为普遍的一种定义：我国传统武术是观念形态、运动方式、武术精神的物化产品的总称。中国传统武术文化作为一种武术观念形态，体现了人们的世界观、人生观、价值观及思维方式、行为特征、认识水平，是民族精神的体现。中国传统武术文化能够物化某一物质，并将其反映在武术技巧、武术器械、武术训练方法及规则、服饰、场地等物质、制度、理论思想等与武术相关的因素中，借助人的武术运动方式、精神文化产品将其蕴含的社会价值观念、道德观念、心理特征、思维方式等展现出来。

传统武术文化不是一个凝固的概念，在历史传承中它会发生变异，不仅需要增添新的内容、新的典范，而且需要对异质文化的吸收和融合。毋庸置疑，中国传统武术文化同西方体育文化是有差异的，西方体育文化是以古希腊文化为发展背景，经过欧洲文艺复兴和19世纪以来的工业革命，形成的一种以自由竞争、平等博爱思想为核心的海洋性民族文化。由于这一影响波及范围极广，西方现代体育项目几乎都具有这一特征。和西方体育文化不同，中国传统武术文化建立在自然经济之上，以家庭为背景，以儒家思想为核心，形成了仁爱忠恕、温文尔雅、和平忍让的文化特点，强调对轻松惬意、悠然自得的田园生活的追求，向往一种超然达观的处世态度。不过，就技术层次来看，由于科学技术的发展差异，东方文化较笼统，重视抽象表达，以唯象为主；而西方文化较具体、精微，重唯理，提倡用定量来解决问题。明确东西方文化的差异可以让中国传统武术文化在确保自身独立、维护自我尊严和保持民族风格的基础上，借鉴和学习西方体育文化中的积极因素。

随着改革开放的进一步深化，我国已逐步融入世界。随之而来的是不同民族文化之间的渗透。因此，在这一文化交流活动中，武术充当了很好的载体。武术作为中华文化的典型代表与中华民族精神的继承者，已成为"中国人"的显著标志。所以，继承并发展传统武术有助于确立和提升中华民族的国际地位。

综上所述，我国传统武术历史悠久、源远流长，属于一种独立的社会文化现象，同中华文明一起出现，并在不同的政治、经济历史背景下被时代赋予不同的价值功能。在时代和社会的不断发展过程中，武术的价值功能经历了由低到高、由物质发展到精神发展、由生理需求到心理需求的逐渐演变，这是由武术发展的客观规律所致的，更是武术发展的大势所趋，是任何人都无法改变的。当然，这一演变特点并非一成不变，它也会因为某个历史阶段的社会环境变化而产生偏离，不过纵观传统武术发展史，就武术发展的主流来看，武术主要呈层次性递进发展。

第二章 传统武术的多维度发展研究

中国传统武术，对人们在日常生活中树立健康意识、提高文化素质、加强道德修养、弘扬民族精神等有着其他文化不可代替的独特作用。本章重点探讨传统武术套路的创新发展，传统武术的竞技化发展、可持续发展及传统武术的产业化发展、传统武术与现代健身的融合发展。

第一节 传统武术套路的创新发展研究

传统武术的各大流派都有着各自特有的武术套路，这些套路通常遵循循序渐进的发展态势，创新研究传统武术套路，可以让传统武术得到有效发展并获得更好的推广。

一、传统武术套路解析

中国传统武术和其他武术相比，具有自身独特的形式和特点，如套路。武术套路指的是一连串具有攻击和攻防的动作组合。

我国传统武术中的套路在初期进行练习的时候，大多是分开练的，这样做的好处是让学习者自己去感受武术中力气的使用和攻防技巧。武术套路要坚持不断地练习，一方面是为了形成条件反射，在实战中快速反击；另一方面也可以体会武术招式的效果。

（一）传统武术套路的主要特点

1. 内倾性特点

与西方体育相比，中国传统武术表现出了更大的内倾性特点。中国武术历来注重"内外合一"。"内"主要指如心、神、意、气等内在的心理品质，"外"主要指手、眼、身、步等外在的形体动作。例如，形意拳中的"心与意和、意与气和、气与力和"等，都是这种"内外合一"；再如，长拳中要求"手、眼、身法、步"，"精神、气、力、功"内外四法相合。

（1）传统武术套路内倾性的原因

中医学理论及"天人合一"哲学思想是形成传统武术套路内倾性特征的基本原因之一，其中"天人合一"的哲学思想兼具主客、内外及形神等多重合一，成为武术练功的指导思想。而武术训练的生理学依据是传统中医基础理论，比如在中医理论中，将人身体中"精、气、神"视为三宝，其中神全则身健、气盛则神全、精盈则气盛。传统武术依照这一规律进行练功，并采用各种方式转化"精、气、神"，从而提出了"练精化气，练气化神，练神还虚"的理论。

（2）传统武术套路内倾性的表现

在中国传统武术套路中，其内倾性主要体现在中华民族重直觉、重意、重合、重内的文化心态中，这种心态兼具理想与现实，其中通过以意领气，以气催力来实现武术劲力。对武术技法及技术内涵的把握，需通过不断的实践才能有所体悟。

2. 庞杂性特点

中华民族独特的文化属性，也形成了"自然体育"形式的武术，这使得中国的武术更加庞杂。

传统武术之所以具有庞杂性，主要有三个方面的原因。

首先，从经济条件来看，中国古代占据主导地位的是自给自足的小农经济，这使得各个地方的交流较少，所以形成了各具特色的武术派系。

其次，在社会需求方面，人们还是习惯于传统的整体性的思维方式，这让武术的作用更加多样化，承担着多种社会功能，例如，武术可能是一个家族或地方的集体休闲娱乐活动，在农闲时练习武术来锻炼身体，或者在举行重大活动时进行武术竞技，甚至在家族产生矛盾纠纷时，靠武术来自卫。武术不同的社会功能，使得武术套路具有庞杂性。

最后，武术练习是以个体为单位进行的，每个学习者的身体条件、目的和个人素质都是有差别的，表现在攻防动作上必然有所差异，因而就会产生不同的特点和风格。

传统武术的庞杂性主要表现在三个方面。

首先，在风格流派方面，传统武术有内外的差别、南北的划分、武当和少林的区别，有按照不同门类划分的"太极门""八卦门""形意门"等，有按照不同的风格特点划分的"长拳类""短打类"等。这些具有不同特色的拳种套路、形态各异的打法动作，使得传统武术的套路风格更加庞杂，也更加丰富多样。

其次，在武术的功能方面，一个拳种的作用是多样的，可以用于健身、修身养性，也可以用来自我保护，还可以作为一种休闲娱乐的方式。

最后，在运动形式方面，传统的武术套路由各种攻防动作组成，如踢、打、摔等，还有在实战中非常实用的对抗性的格斗技巧，以及具有不同功用的强化练习。

3. 竞艺性特点

第一，在我国古代，传统武术不仅仅是强身健体的工具，更是古代战争中的"杀人技"。但是传统武术又具有文化思想，我国古人将儒家的思想纳入传统武术思想体系，引导习武之人学会"仁者无敌"的道理，更有"君子动口不动手"的古训。这就体现出武术文化的两面性：一方面，在战争年代，人们学习武术是为了上阵杀敌，保卫国家；另一方面，和平年代，人们学习武术更多的是为了文化交流，武艺切磋。新中国成立后，社会一直处于和平稳定的发展阶段，在这种条件下，中国传统武术逐渐由竞技性转化为竞艺性。

第二，人们对于武术还是存在幻想性的，主要表现在对武术的审美性上，武术的动作表演出来极具观赏性，我国宋代抑武扬文，传统武术在这一时期成为一种行为艺术，一些武术家在闹市卖艺，这些也促使武术由竞技性转化为竞艺性。

（二）传统武术套路的基本动作

传统武术套路的基本单位是动作，所以动作就成为分析传统武术套路的切入点。

1. 传统武术套路动作的抽象化

传统武术套路的动作是对格斗的抽象。传统武术套路动作的演练不是真打实斗，而是对真打实斗的抽象，是格斗形象的表演和再现。

第一，这种抽象描绘的是一个（或几个）意象（或事象），正如中国文字一样，虽是一种"象形"的，但很快便走进"象意"与"象事"的范围。中国字并不喜欢具体描绘一个物象，而常抽象地描绘一个意象或事象。传统武术套路的动作抽象性表现在将描写格斗意象的动作"符号化"。

第二，这种抽象始终附着于具体的形象，是没有离开具体形象的"象意"和"象事"。传统武术套路利用动作来描写格斗意象，在追求动作形似的同时，还要表现出格斗的动态、气势和氛围。

2. 传统武术套路动作的技艺化

传统武术套路动作的技艺化，具体表现在两个方面。

第一，动作的审美性。格斗意象在传统武术套路中呈现出审美的特征，中国传统武术套路不同于西方拳击实用尺度，其具有审美取向较为明显的特点，这恰恰是格斗审美所需的。可以说，传统武术在套路发展中转变了格斗实用追求及描述。

第二，动作的想象性。在表演中，传统武术套路对格斗描写得精细、巧妙、多样化，比如在套路中将来自实战的"打"转变为崩、弹、砸、甩、抓、掼、鞭等，或者是转变为砍、劈、钻、点等各种掌法，此外，也包括上打、下打、正打、侧打等"打"的类型，甚至涉及跳动的"打"、单脚支撑或双脚支撑的各种步型的"打"等，这些"打"体现出中国人对武术套路的想象力。格斗向技艺发展及格斗的"具象抽象"等性质，使得格斗与套路两者之间出现一定的距离，传统套路没有独立格斗而存在，而是兼具真实的搏击和武术的形神，也正是武术这种虚实相间的套路特性，容易被人误解为花拳绣腿。

（三）传统武术套路的发展

武术套路发展的动因主要有人的生理需要、心理需要以及套路自身的社会功能三个方面。

1. 人的生理需要

武术起源于我国农业社会，武术发展的对象是人类，古代战争是促使武术发展的直接原因。在激烈的战场上，人们为了保卫家园，在实战中总结出一套经验，这套经验就是武术的雏形，随着朝代的更替，武术被不断地发展完善，出现了许多门派，每一门武术都有一套完整的动作，学习者对这套动作不断进行练习，最终以体操的形式展现出来。

随着社会的进步，这套体操形式的武术不断提高，但由于缺乏实战，武术慢慢地转变成有一定步骤的武术体操，武术的格斗技能逐渐丧失，成为一种人们欣赏的行为艺术表演，这是武术套路的由来。

2. 人的心理需要

随着人们的生活水平不断提高，社会由物质需求导向型逐渐转化为文化需求导向型，人们的欣赏水平不断升高，这也是人们的心理活动需要。传统武术的发展受社会发展的影响。传统武术想要更好地存活下去，必须考虑人们的心理需求。

武术经过 5000 多年历史的沉淀，技艺已经非常完善，我国举办的传统武术比赛，是以武术形式为主，更加关注武术的形和意。武术套路可以将每一个动作有效地连贯起来，呈现出一气呵成的气势，人们能够在武术动作的速度、动作力度的大小、动作的连贯性中探寻武术的意境。武术可以使人们把自身对于武术的幻想，通过表演实现出来。正是因为武术的健身性和艺术观赏性，才使传统武术保存至今。

3. 套路自身的社会功能

武术的社会功能是阶段性的，它随着时代的发展而转变。武术的动作既来源于竞技，又在竞技的基础上不断延伸。和平年代的到来，武术的动作更加理性化，不再具有实战功能，通过一些其他文化的渲染，让武术更具有神秘性。现如今武术套路的社会功能决定了武术的社会地位。

第一，武术的原始动作实战性非常强，这些动作刚猛有力，可以舒展人体的筋骨。武术套路的产生，让武术动作更具观赏性，或者说让武术动作更像是一种舞蹈，这些"武舞"所表现出的与技击有关的场面都是从实战的动作中加工提炼编排而成的，如《破阵乐》等。

第二，我国的武术门派众多，少林寺的十八般武艺，已经使人眼花缭乱。因此在当代，应该重点发扬创新传统武术，使其在过去竞技的基础上不断转变为武术套路，这也体现了我国武术文化的博大精深。为了更好地符合人类的健康和欣赏需求，应将传统武术套路不断地进行创新，使其更加具有艺术感染力，以满足时代的需求。

二、传统武术套路的创新编排

（一）创新编排的依据

1. 传统武术套路能够充分体现传统武术的本质特点

近些年来武术比赛越来越多，与此相应的传统武术套路的形式更加变化多样，并不断获得进步。传统武术和传统武术套路在技术要领上存在着很多的不同，但传统武术套路的本质依然是通过招式来展现武术中的防守内涵。

传统武术套路既需要展现出传统武术的特征，又需要进一步强化进攻与防守的技能。例如，在进行长拳比赛时，需要有充足的劲力作为支撑，并且一定要以最快的速度找到发力点，与此同时，身体的各个部位也要协调统一、相互配合，动作也要尽可能干脆有力。壁挂拳比赛要求两只胳膊要伸直，并且手臂的姿势要迅猛，让动作串联迅速，通过长短结合、快打闪攻的方式进行进攻与防守。

2. 新创的招式不能脱离传统武术的基本特征

任何事物都有着有别于其他事物的最显著的特点。因此可以说，武术的本质特点是我国传统武术套路创新编排的核心要义。

由于受我国传统历史文化的影响，我国传统武术的技术要领也带有我国传统文化的印迹。例如，我国传统文化中一直蕴含着唯物辩证的思想，这点在我国传统武术的技击中也得到了证明，例如招式上的动静结合、刚柔并济、虚实结合等特点，我国的传统武术不仅获得了国人的喜欢，在世界各地也得到了很大的关注，假如有一天传统武术失去了其原有的特色，那也就意味着其在不久将走向衰落。

（二）创新编排的原则

1. 健身、易学的原则

传统武术尤其是太极拳获得了人们的普遍喜欢与接受，人们用太极拳来修身养性、锻炼身体。

早在我国古代，人们为了能够锻炼身体、修身养性也编排了很多新颖的武术套路。例如，现在深受人们喜欢的杨氏太极拳，就是源自陈氏太极拳招式的修正与改进，当时杨氏太极拳的创始人杨澄甫为了能够让年老体弱的人也能够锻炼身体就将陈氏太极拳里面那些动作较为强烈和跳跃太多的动作进行删减或者修改，同时增加了练习武术的人数。与此相应地，二十四式太极拳也是基于传统武术中锻炼身体的功用，把太极拳进行重新编排的，其目的就是让人们能够更加善于学习和操练。尤为重要的一点就是，重新编排的传统武术的套路招式应符合广大练习人群的身体状态和特点、符合人体科学健身的规律。

2. 美观、观赏的原则

传统武术不仅能够强身健体，从一定程度上来说，传统武术也能够达到欣赏娱乐的作用，通过观察我国传统武术套路动作可以发现，其美观性和欣赏性值得研究和学习。

我国自古代起就有了用传统武术来欣赏和娱乐的历史，例如诗句"昔有佳人公孙氏，一舞剑器动四方"就反映了当时的社会环境和历史条件，杜甫写的《观公孙大娘弟子舞剑器行》这首诗就反映出了公孙大娘进行武术演练的目的并不是博弈而是观赏。

从目前来看，我国传统武术套路的功能更多地倾向表演的功能，无论是在日常生活中还是在节日庆祝时，人们经常会安排一些观赏性较强的武术表演，基于观赏性和娱乐性的武术套路的编排越来越新颖。

3. 竞技原则

我国传统武术具有竞赛的作用，这种作用的发挥是基于一种竞技的原则来制定的，因此创新编排的武术套路是需要根据武术竞技比赛的规则来制定的。在以往的武术竞技比赛中，为了能够充分展现我国武术竞技比赛的公平性与公正性原则，在对传统武术的套路进行创新编排时一定要能够根据竞技比赛规则中的要求来进行。

"难"和"新"是在创新武术套路编排时一定要遵循的两点原则。这两项要求符合武术竞技比赛中的规则。长拳之所以能在中国几千年的武术历史的发展变化中屹立不倒，并逐渐成为我国武术体系中十分重要的一部分，到今天依然被人们所喜爱，主要就是由于长拳的不断改革与创新。

4. 简洁、实用原则

简单、易学、实用是对传统武术套路进行创新时需要一贯秉承的原则。在我国古代，有很多武术大师们就是基于这三点基本原则对武术进行创新与编排的。例如，我国古代著名的军事家戚继光认为练习武术就是要能够一招制敌、出其不意，现在一直传承的军体拳就来自戚继光对武术套路的编排与创新。

（三）创新编排的目的

1. 创新编排目的的确定

传统武术套路的创新编排是以客观模型为参照的。所面临的世界是客观存在的物质世界，这个物质世界的存在和运动是不以人的主观意志的转移而转移的。无论是提出还是实现目的，都必须面对现实。新的传统武术套路是创新编排的最终目的，在提出、设定传统武术套路创新编排目的的过程中，前提和起点是客观现实的套路，终点是新的武术套路在观念上的被改造和被再创造，被改造和被再改造是套路作为创新编排目的的对象以人的观念的形式建立起来的。

传统武术套路创新编排目的的设定和提出，是人在观念上否定或抛弃当下某个既有套路，这种否定或抛弃就意味着要建立新的套路模式，这种新的套路模式是在新的观念或意识规定下产生的。

2.创新编排目的的实现

在对每一项传统武术套路进行创新编排的过程中,创新编排的目的是起点,也是终点。创新编排的目的决定着创新编排的方向,支配着创新编排的过程,体现着创新编排的结果。

传统武术套路创新编排的目的是一种主观的、想象的东西,必须通过现实的创新编排实践过程才能实现。这种实践过程是由主观到客观的过程,创新编排的目的在客观现实中的肯定,就是目的的客观化、现实化,即传统武术套路创新编排的实现。

三、传统武术套路创新发展的问题及对策

(一)思维创新方面

中国传统武术的思维方式和现代人的思维方式有着巨大的差异。传统武术深受中国传统文化尤其是传统哲学思想的影响,这就使得传统武术构建了其特有的华夏民族的思维方式,即它在思维方式上重体悟、重知觉,讲求天人合一。中国传统武术和中国传统哲学思想的高度一致性,使中国传统武术的思维方式有着固定的范式。

现代人们在进行体育运动时,更多的是运用科学的思维方式来思考和指导实践。受现代科学影响,人们在研究体育运动时,大量地运用生理学、生物化学、心理学、运动生物力学、教育学以及各种体育原理等现代科学知识研究运动。新型的知识结构影响着现代人的思维方式。对于中国原始社会发生和发展起来的传统武术,人们开始学着用科学的思维方式去审视,并尝试用现代科学知识对传统武术进行解剖。

随着文化背景和历史条件的变化,人类的思维方式也会发生改变。但不可能让现代人改变现有的思维方式,去顺应传统的思维方式。当然也不应为适应现代人的思维方式,就将传统思维方式下形成的事物和文化修改得面目全非。所以,中国传统武术的思维方式和现代人的思维方式存在的差异,是传统武术套路创新的重要难题。

针对这一问题,要做的就是充分尊重传统武术中既有的传统文化内涵,在吸收和借鉴现代科学技术和知识的基础上,适时地、与时俱进地对传统武术套路进行创新,真正做到取其精华,去其糟粕。

(二)技能创新方面

中国传统武术主要通过人的肢体来实现。但是,武术器械对于提高技能威

力的重大作用是不可忽视的。

在古代战场上，敌对双方搏斗异常激烈。如近距离的徒手肉搏；距离稍远一点，则用棍棒、矛戟、大刀、长枪等进行械斗，或者借助于车马；远距离的通常使用弹丸、弓箭等。可见，传统武术的技能中，冷兵器使用的成分成为很大的一部分内容。当西方的热兵器作为人体肢体的延伸登上历史舞台后，冷兵器只能被"优胜劣汰"。

目前，传统武术的表演中，很少有器械表演，即使偶尔还能够看到一些，其中关于进攻与防守的套路已凤毛麟角。因此，在传统武术的创新编排上很难看到运用武术兵器进行表演。如果想要扭转武术兵器的近况就需要从本质上认识与了解传统武术。

当对武术套路进行创新时，一定要善于研究传统武术的本质，同时要基于现在人的观点和方式，注意内外兼修的特点，把传统武术演绎得更加完美。

（三）后备力量方面

尽管传统武术已经得到长足的传承和发展，不过，对其进行创新仍存在一定的困难，其中人才供应不足便是阻碍武术发展的因素之一，自从我国传统武术成为一种受人欢迎的竞技方式，竞技武术就已经逐渐成为我国传统武术发展的中流砥柱。

传统武术人才的缺失，主要是竞技武术的发展所引发的。培养武术竞技人才是时下流行的人才培养模式，因为这更好地适应了竞技武术的发展趋势。在人才培养体系中，就读于体育学院武术系与综合大学体育专业的学生是最受欢迎和支持的团队，然后就是一些就读于大专院校体育专业的学生，最后就是一些在基层民间武术学校的学生。与竞技武术相比，我国传统武术的主要活动区间较小，主要活动于一些民间组织。所以，我国传统武术的人才培养问题变得愈加严峻。

针对这一问题，首先要做的就是加大政府的支持力度，使传统武术能有一个好的、良性的生存发展的空间和环境，要从更深层次对传统武术进行改革与创新，为武术套路的发展提供一个很好的创新与改革的平台。另外，需要不断健全我国武术院校的人才培养机制，这样才能为传统武术的发展和传承提供更好的人才资源和智力支持。最重要的一点就是要从根本上改变传统观念，从思想源头上尊重并热爱传统武术。

第二节 传统武术的竞技化发展研究

一、传统武术竞技化发展历程

中国作为历史悠久的文明古国，具有丰富多彩的文化遗产与民间瑰宝。作为民俗文化的传统武术从春秋时便扬名于世，并具有一定的竞技性，即双方或多方在擂台上互相出击，以拳会友进行交流。随着社会的发展，武术运动为了得到广泛的传播，逐渐在动作上开拓创新，形成了套路形式，例如宋代出现的"打套子"。到了明清时期，各家拳路如春笋般涌现出来，并得到了大力的发展。而在此时传统武术以民间技艺的形式受到人们的喜爱，并逐渐在近代衍生出竞技化的传统武术。

追溯传统武术的历史发展可见，其竞技化特性已经有着几十年的发展时间。而在1949年以后，我国政府为了使传统武术得到普及而不断努力，并提出"普及和提高"的发展方针，以逐渐提高传统武术的专业性。为此，我国成立了以武术运动为主的专业队伍，并根据当前体育环境和武术动作，建立了一套较为成熟的武术竞赛体制和竞赛方法，为传统武术的发展贡献了巨大的力量，使传统武术的竞技化水平得到革新。

1954年，我国成立了第一支竞技指导科武术队，它标志着传统武术的竞技化特征得到了发展。在1957年，传统武术被列为竞赛项目，由此开始得到广大人民群众的支持与关注。为此，全国各地踊跃成立武术运动队，人们积极参加运动队的选拔。从1958年开始，我国开始举办全国武术运动会，并受到广泛欢迎。据记载，每年都有十几个单位报名参加全国性武术比赛。武术竞赛制度的建立，为传统武术的发展提供了有力的帮助，并促进了各运动队专业性的提高，使其为了赢得竞技比赛而更加努力地训练，在竞赛中的互相交流和学习，也在无形中促进了套路运动技术水平的不断提高。

1959年，经国家体委决定，出台了我国第一部《武术竞赛规则》，这是武术竞技的方针政策之一，该规则有效促进了套路运动技术水平的提高。1960年，南拳与太极拳、长拳共同构成了武术比赛项目，从而使得竞赛格局发生变化，逐渐形成了以长拳、太极拳、南拳为主的传统武术套路。而武术技术发展的方向变成"难度大，质量高，形象美"，布局、组合、难度、动作等在长拳类、器械套路中得到新的发展，使得各运动队向"高、难、美"方向发展，从而赋予传统武术套路落地稳、腾空高、负荷大、造型美、结构新、动作快等特征[①]。

20世纪70年代，在各套路式的武术类型中，自选长拳类套路技术动作得到了较大程度的提高，如腾空动作在基础之上得到了创新，在保证腾空的高度后，又添加了如纵旋、侧翻、平旋横转等创新的高难动作，并在一系列高难度动作之后接马步、坐盘或劈叉等动作，这些动作对习武者的稳定性要求很高，具有较强的技术性。由此，也可以看出教练员、运动员对传统武术的坚持，以及对此项运动的不懈努力。比赛的举办与人们的努力使得传统武术得到了又好又快的发展。

不只长拳类竞赛项目得到了人们的关注，其他体育项目也获得了良好的发展。传统拳械、对练项目、集体项目也以竞赛的形式出现在人们的视线里，并使得这些项目的发展范围得到了广泛的扩大。

1986年，传统武术在技术方向上制定了技术目标，即"突出项目特点，加强攻防技能，严格动作规格"，通过方向的制定奠定了传统武术的风格基础。

1994年，传统武术不断突破自我定位，在方针政策上有了新的进步，即在坚持"突出项目特点，严格动作规格，强化攻防意识"以及"继承、发展、创新"原则的同时，又对自我发展提出了"高、难、美、新"要求。竞技武术的使用范围不再只局限在优秀运动队、运动技术学校中，而是向全民化发展，在业余体校中也增加了一条龙训练体系，并为二线队伍增设武术班，大大增加了竞技武术人才培养的范围，能够从更多人选中挑选符合标准的优秀人才。同时，有些学院还对训练员的素质制定了要求，使其业务素质和理论水平均得到很大提高，这对科学化训练具有十分重要的促进作用。

传统武术赛制的出现和不断发展，带动了套路运动竞技化水平的提高。传统武术套路发展并不是一帆风顺的，它经历了比赛、表演赛的反复变化。1989年国家体委改变了武术比赛的机制，并将其改为全国武术锦标赛，设立以多种对象为主的体育比赛，用以培养竞技武术储备人才。这一举措的实施使竞赛体制和参赛人员得到了多元化的发展。

1985年，《武术运动员技术等级试行标准》的颁布和执行，标志着套路运动竞技化水平的大幅度提高。该标准成为不断提高套路竞技水平的激励机制之一，对促进广大武术运动员刻苦训练，争取优异成绩起到了积极的推动作用。

传统武术具有创新、进取和改革特征的发展过程与阶段，在较为完整的发展基础上仍根据社会发展趋势及对自身的不断探索做出提高。传统武术对技艺的不断提高与精益求精，逐渐确立了自身在国内体坛的竞技地位。同时，传统

[①] 洪浩，郭怀. 论传统武术竞技化 [J]. 成都体育学院学报，2006（5）：80-83.

武术不只把自身发展范围停留在国内市场、还逐步向国际进发。在向国际区域转换的过程中，武术竞技套路运动再一次经受住了考验。

二、传统武术竞技化发展的思考

（一）传统武术竞技化发展的原因

随着社会的不断进步与发展，人们意识到传统武术竞技化的发展是社会不断发展的必要前提，也是体育行业市场发展的未来方向。传统武术对竞技化的吸收过程也是武术竞技化的改造过程。在长期的历史发展长河中，传统武术逐渐形成具有现代体育特征的项目，西方文化的不断引入，是竞技化得到发展的主要方面，并具有以下几点特征。

1. 近代社会的转型

我国的近代社会随着经济发展方式的改变，不断得到转型，这在一定程度上破坏了传统武术的发展环境，也促使其不得不向竞技化的方向发展。一方面，我国的"农耕文明"受到破坏，自给自足的小农生产方式不断被瓦解；另一方面，对社会工业发展的需求，使得中国文化需要进行转型，传统文化由此受到冲击。传统武术一直以来扎根生长的环境逐渐被社会发展所破坏，传统武术不再能够以传承的方式得到发展。以自卫为特征的武术需求被新社会的法制化特征削弱，传统武术不再能顺应社会时代的进步而不得不转变自身形象。

2. 西方体育文化的传入

西方体育文化的传入在很大程度上影响了中国体育环境，也对传统武术的发展产生了新的冲击。其具有的动作目标管理的科学性、动作方式的规范性等特征，迅速侵占了体育项目发展市场，受到人们的广泛关注。由此，传统武术若想从夹缝中求生存，需要不断对自身发展进行改进与调整。

传统武术的竞技化使其不断得到人们的喜爱，并为抢占市场份额提供了帮助。人们通过对身体控制、力量使用、击打部位等制定相关规定来逐渐完善传统武术的发展形势，从而使传统武术成为运动竞赛项目。另外，武术具有较好的健身效果，受到人们的广泛喜爱，并逐渐成为中小学生必学的一项重要运动项目。

3. 现代竞技体育思潮的影响

现代竞技体育思潮的发展不断席卷体育行业市场，也对传统武术产生了较大影响，促进了传统体育竞技化特征的发展。现代竞技体育具有以下几方面特征：一是要明确竞技项目的竞技目标，使其符合竞技项目的设置条件；二是设置科学的竞赛规则。体育项目最受人关注的一点是比赛的公正、公平性，为保持竞技体育项目的发展，应对比赛的内容、性质、要求和判罚尺度等进行严格界定。由此，竞技体育逐渐形成如今的发展特征，即树立了明确的主体目标，并将武术打练分离，将套路动作分解为若干竞赛项目。

传统武术竞技化的发展对传统武术的套路技术的改革提出了新的要求，即需对其体制进行规范和改进。因此规则的出台是武术套路技术采取的首要改进措施。例如，借鉴现代竞技体操等项目的评分办法，以此提高客观性。

（二）传统武术竞技化发展过程中的问题

西方体育文化的传入，对中国传统武术的发展产生了深远影响，促使传统武术向竞技化的方向发展。然而，在传统武术竞技化发展的过程中，出现了诸多问题。

1. 发展道路的选择

对我国传统武术发展来说，西方的进化论与体育竞技思想对传统武术的竞技性发展具有一定的启蒙作用，西方现存的体育模式也是其不断发展的方向。西方竞技体育汲取了古希腊文明的文化精华，即不同文化间相互融合及不同事物间的交流发展，致使西方竞技体育形成了多种运动项目竞争的局面。而我国传统武术蕴含了更多的传统文化理论，更注重思想上的发展，更偏重于系统的思维性。传统武术在吸收了西方的体育思想之后，冲破了传统思维方式的牢笼，形成了其现代的竞技性特征。

在传统武术的发展过程中，受传统思维的影响，传统武术逐渐产生了"能击善舞"的局面，不仅要会打，还要舞得漂亮，因此"击""舞"被逐渐分离开，即形成套路和散打两大运动体系，并根据体系的变化，产生出了不同的套路比赛项目与散打比赛级别。由于现代社会人们需求的多样性，传统武术也分离出了套路与散打两种模式。两者的分离在一定程度上满足了人们的需要，顺应了社会的发展。

2. 技术风格的变异

在传统武术竞技化特征逐渐成熟时，其技术风格的改变是该体育活动得到较大变化的内容之一。一方面，大量举办竞赛为武术发展指引了前进的方向，在一定程度上促进了传统武术的竞技化发展。另一方面，世代承袭的传统武术在现代社会中，得不到交流与认同的机会，为了自身的有利发展，逐渐向竞技化靠拢，这也在一定程度上加速了传统武术的竞技化发展。

传统武术逐渐开始注重舞台表演风格，如将难度较大的长拳类动作添加在传统武术套路中，以提高动作的难度性和观赏性，用以吸引人们的视线。又如传统武术过于注重创新，吸收了大量的竞技武术动作，而自身的风格特色却逐渐被削弱。传统武术的竞技化发展使其并不传统，而是为了顺应时代发展不断抛弃旧有内容，人们应对此现象进行深思。因此，在传统武术的发展过程中，不能只一味提高其竞技性，还应注重其原始特色，在尊重自身特色上有目的地进行发展。

3.健身形式的冲击

随着社会经济的不断发展，人们开始更加注重精神层面与文化层面的交流，也更加关注自身的身体素质，由此促进健身事业的发展。这种社会发展趋势，也在一定程度上推动了竞技武术的发展。竞技武术所具有的独特竞技性，吸引了大批群众的参与，通过多样的武术训练可以达到健身的目的，这对传统武术在健身领域的地位产生了重大冲击。更由于竞技武术竞赛体制完备、运动技术水平高、国际化推广成熟，竞技武术得到了深远的发展。因此可知，传统武术所具备的竞技化优势，对传统武术的发展具有诸多促进作用。其具有的社会价值，使其在不断得到广泛发展的同时，也逐渐成为人们健身选择的一部分，但是随着经济水平的不断提高，人们对生活方式产生了新的认识，健身方式也随之得到了革新。传统武术由于内容繁杂、习练枯燥，逐渐被新鲜事物替代。由于受现代体育运动项目的冲击，传统武术逐步失去了受众人群，面临着新的抉择和挑战。

（三）传统武术竞技化发展的启示

传统武术与竞技体育二者亲密无间、密不可分，竞技化发展趋势是传统武术的未来发展道路，对传统武术进行系统的分析和研究后可以发现其在发展过程中出现的不良方面与影响，可以为其在日后的发展中提供指导，使其成长为更为成熟的竞技体育。

从传统武术的历史发展来看，传统武术在我国已有几千年的历史，拳种繁多体现了其独特的魅力。为保持拳种的风格特色，在坚持自我定位的基础上进行发展，对传统武术技术体系进行规范势在必行。例如，在技术动作上，若想得到广泛的继承和发扬，应逐渐向简单、易学、便于推广的特点进行改变，其套路也应符合当代社会人们健身、娱乐的需求。西方思想在一定程度上促进了传统体育的发展，但也在不断发展中对其进行了限制，所以其未来发展应根据自我风格，因地制宜。

总之，传统武术若想得到更好的发展与进一步拓宽发展的范围，需要突破西方思想教育模式，逐渐摆脱西方思想体系，从而依靠多元化的体育环境促进传统武术的创新。

第三节　传统武术的可持续发展研究

一、可持续发展的观点及其意义

可持续发展这个概念，最早出现在1980年由世界自然保护联盟（IUCN）、联合国环境规划署（UNEP）、世界自然基金会（WWF）共同发表的《世界自然保护大纲》中。早在1972年，可持续发展这个概念就在联合国环境研讨会上经历过非常郑重的讨论。自此以后，每个国家都按照自身的客观情况，相继提出了各自的想法及意见，所拟定的概念高达几百个，主要涉及地区、国际等方面。其中，获得较多认可的定义：一方面，应该符合人们现阶段的要求与期望；另一方面，在不产生伤害的前提下，促进将来的可持续发展。在社会迅速发展期间一定要确保人类发展与自然资源之间的协调性，进而保证社会的持续发展，这就是可持续发展的宗旨。

可持续发展这个定义是人们在追求物质生活以及持续向生态环境索取过程中形成的，人们经历了无数个大大小小的困境与坎坷，最终认识到问题的严重性，认识到只有与自然和谐相处，才能在这个生态系统中长期地生存下去。为确保人类发展与自然资源的关系达到平衡的状态，人们应该齐心协力地保护唯一的家园，共同创造一条可持续发展的道路。

可持续发展最需要处理的中心问题是PRED问题，也就是人口（Population）、资源（Resources）、环境（Environment）和发展（Development）不协调的问题，其宗旨是人们应该处理好自然、发展与人口数量的关系，以维护他人以及后辈人利益为基础，主要是为了确保每个区域及每个个体都能够受到公平的待遇，尤其是后代拥有平等的机会。

可持续发展倾向于把现阶段与将来的发展进行融合，将来的发展是现阶段发展的目标，从另一种角度来说，现阶段的发展应该为将来的发展提供良好的条件。同时可持续发展还应着眼于长期的有效发展，处理好自然、发展、资源等不同因素之间的平衡关系，重点关注未来的长期发展，绝不可因小失大。"可持续发展"的思想广泛应用于不同的行业之中。

二、传统武术的可持续发展

传统武术属于民族文化的一部分，体现着中华民族独有的精神力量以及坚韧不拔的生命力，既是中华儿女智慧的产物，同时也是人们的精神力量。改革开放以后，传统武术的发展道路异常艰难，各方面因素都影响着传统武术的发展，所以，应该着重关注传统武术的可持续发展。

可持续发展是指不仅要推动传统武术现阶段的发展，而且还要重视其将来的发展，形成一种长久、健康的循环体系，以符合后代人们的发展要求。传统武术不仅属于民族文化的一部分，而且也是一项独特的运动项目，这就要求我们应用科学的观点来处理将来可能会遇到的问题，选择发展的眼光来看待将来的发展，再应用合理的策略与方法，为将来的道路打下坚实的基础，确保传统武术能够长久、稳定、健康地发展下去。

（一）传统武术可持续发展的制约因素

1. 传统武术发展环境的恶化

（1）重视竞技武术

1950年以后，武术的性质与目的发生了转变，人们开始关注竞技武术，竞技武术主要包括散打与套路两个项目。运动者与教练是竞技武术过程的主体，最终的目的是在遵守比赛原则与条例的情况下，获取最优秀的成果。

（2）缺乏激励机制

假如一项运动没有完善的比赛规则，那么会导致运动者们丧失参与比赛的激情。也就是说，良好的环境以及完善的机制是传统武术进行比赛的必要条件。若比赛机制受到了影响，就会导致动力下降，会对武术未来的发展产生消极的影响。传统武术面临的困境有诸多有原因，如外来文化的入侵、本土文化生活的日益丰富、传统武术训练体系不能与时代接轨等。另外，传统武术缺少市场推广的营销体系，也没有武术传人与企业、政府、媒体等进行沟通。

（3）现代体育项目的冲击

传统武术项目因为参与练习的人数较少而受到现代体育项目的冲击，传统武术从1840年以来，便受到现代体育项目的冲击，从事现代体育项目的人数超越从事传统武术的人数，久而久之，就会严重制约传统武术的发展。

2. 传统武术理论基础薄弱

传统武术理论基础较为薄弱，这是因为传统武术起源自农耕文明，并在漫长的历史中暴露出其痼疾所在，加之儒、释、道等各家传统思想的影响，从而使得传统武术深深地根植于传统哲学理论中。传统武术蕴藏着阴阳、精气及天人合一等传统理论,其抽象而晦涩的理论不太容易被学习者理解,在研究及翻译时更显得晦涩难懂,而一旦遇到精准、简单且丰富直接的现代体育理论就会受到冲击。

3. 传统武术传承方式的局限性

一些传统的武术拳种受到血缘与师徒的传承方式的影响,容易陷入失传的困境。

第一,较重的传承保守意识。在进行武术传承的过程中,尽管传承的都是各流派的精妙技艺,有利于形成独特的技术传统及风格,不过,在这种传承过程中,很多传统武术退出了历史舞台。

第二,从传统观点来看,言传身教对于各个门派的传承是至关重要的,一定要找到符合标准的传承者。现如今,人们的思想理念、生活方式以及生活水平等都发生了较大的变化,这就导致缺乏门派传承人员。

4. 传统武术训练手段的原始性

现如今,传统武术这项民族文化的训练方法一直都是身传口述,此训练方法是长期实践累积而形成的,并且具有科学依据。当然,不可否认,其中也存在很多无用以及不合理的训练方法。

尽管传统武术所体现出来的精神力量尤其是务实精神是非常有益的,然而,与现代的相对更加科学的训练方法进行对照,早期的这种单调的训练方法就较落后一些。现代的训练方法不仅更加成熟以及全面,而且其理论体系也是非常科学、健康的,如心理、智能训练等。

5. 传统武术发展的滞后性

传统武术是在一个文化封锁的背景下形成的。21世纪以后,无论是人们的观点价值还是对事物的看法都出现了大幅度的转变,突如其来的变化导致传统武术处于一种不知所措的状态。在与社会跳跃性发展进行对照的情况下,传统武术没有跟上社会发展的脚步,因此,就造成了其发展的滞后性。

第一,传统武术的很多行为表现都不被现代人所认可,包括言传身教的继承方式、训练的项目与方式等。尽管传统武术能够修身养性,促进人类的成长,然而,社会的发展迅速,很多运动项目都被精细化。传统武术的发展出现了不同的价值方向,积极影响与消极影响并存,在促进人们发展的期间其自身也受到了影响。

第二,人们参与的积极性受到了传统武术习练特点的影响。现代社会,人们的生活节奏越来越快,导致人们的价值判断越来越趋向于简洁、易学、高效、实用,尤其在青少年中表现得特别突出。而传统武术想要有所成就,就必须要经过长期艰苦的锤炼。

(二)传统武术可持续发展的理论及实践

一般理论界认为,传统武术是以中国传统文化为理论基础,以传统武术习练和现代武术竞赛为实施手段和存在方式,以实现增强体质、陶冶情操、培养意志、提高攻防技能、张扬民族传统文化为目的的一种社会实践活动,具有"天人合一"的境界。传统武术可持续发展的理论及其实践既与中国的传统文化息息相关,又与自身的理论构架体系密不可分。

1.理论体系的构建

(1)传统武术发展基础理论的构建

传统武术的科学性,是其长期发展的前提,主要从以下几个层面来进行阐述。

第一,技术体系的建构。大致分为两方面内容,一方面是将传统武术的技术体系流传下去。根据早期形成的技术体系来创建不同的门派体系,防止出现武术技术无法传承的情况。技术体系的具体流程如下:功法—套路—拆手—递手—散手—攻防实战。另一方面是新的技术体系的形成。新的技术体系是以早期形成的技术体系为前提,为满足训练者的个性化要求,改编原有的技术项目,进而形成的新的技术内容。例如,可以根据技术的难易级别,将普通训练者分成不同的等级。

第二,理论体系的建构。构建相对完善的理论体系,要去掉虚假的、无用的内容,保留真实有效的理论,同时与武术技术有效地融合,从技术修炼的角度来看待理论体系体现出指导的功能。要在传统理论的前提下逐渐发展出符合现阶段发展的理论体系,传统理论中存在很多难解的问题需要采取科学的观点来分析与处理。

第三,拳种项目的科学总结与整理。在实践的过程中,应该对传统武术的项目进行认定、发掘、总结等,进而确立相对重要的项目。

第四,拳种的科学认定标准。传统武术已经成为人们生活中必不可少的运动方式,在长期的发展过程中,与其他领域(如医学、哲学等)进行有效的结合,产生了属于自己风格的武术文化,同时还促成了百家争鸣的鼎盛现状,形成了丰富多彩、各式各样的武术拳种。人们可以通过传统武术的技术体系、理论体系等各方面的标准明确一个武术拳种。

（2）传统武术可持续发展理论体系的构建

传统武术可持续发展理论体系的构建主要存在两方面的要求。

第一，要重视传统武术自身风格的发展。为了使传统武术更加科学地得到发展，应立足其发展本源，即从构建的武术理论体系入手。传统武术的理论来源于对实践活动的不断总结。

若想使传统武术得到科学的理论指导，需要从实践活动入手，以传统武术活动如何传承作为主要研究点展开讨论。从逻辑结构方面入手，可将传统武术理论分为两个过程，即练与用、教与学。而贯穿于整个活动的要素之一就是人，因此，若想对传统武术理论进行科学的研究应从人这一要素入手，使该理论指导得到更好的发展。

在对武术价值进行探究时，需对武术活动本身的发展状况加以重视，可从构建传统武术理论体系的基本原理入手，分析武术教与学、练与用等实践活动的过程及方法，同时进行探索及评价，其内容主要包括：武术动作开展竞赛、教学、原理的规律，传统武术存在的价值及其发扬方式。因此，对于传统武术活动传承来说，应从其本体因素入手，从攻防技击特性角度出发，重视教与学、练与用的特性。在理论层面，应以科学发展观为指导，并将其应用于实践，从竞赛表演理论、拳术形成理论、技击方法理论、教学训练理论等方面进行研究，并建立完整的传统武术理论体系。

第二，要在理论探索中注重应用联系的观点。在从传统武术发展理论入手进行研究时，大多数人都是从理论对于传统武术的影响方面进行探索的。传统武术发展理论是武术活动的一个子系统，将其进行细分：一方面可以使人们对传统武术理论从总体上进行认识；另一方面，也能建立传统武术理论的地位，发挥其所具有的作用。从各个分开的子系统入手，对整体关系进行审视，摸清体系的发展与构造，明确该体系的影响范围与程度。在科学理论体系的构建上，使人们有一个更加全面的认识。

第三，传统武术若想得到又好又快的发展，需要建立全面的系统框架。传统武术理论的建立，需要从两方面进行入手，即首先对理论的内核层和外核层进行讨论，可以发现二者存在互相影响的关系，然后再从理论上升到实践中，通过对体育活动的开展，使人们对传统体育活动有更深层次的认识，在不断改进中，得到社会与人们的共同认可。但在传统武术的传承与发展中，存在着重术轻道、重武轻文、重实战轻现代功用的思想，这严重制约了传统武术理论体系的发展。

因此，对于传统武术理论的科学研究，需要从以下内容进行探讨：①从实践入手,对客观经验进行总结;②不断开拓新知识,对新事物进行探索;③在理论方面加大力度,进行科学实验,得到更好的科学指导。

采取以上的措施,可以使传统武术理论的内核层和外核层更好地进行结合,从而构建出系统且完整的理论体系。

2.可持续发展的实践

(1)传统武术可持续发展的途径

可持续发展战略是我国发展的主要战略之一,也是事物想要不断前进发展的道路选择。因此,传统武术可持续发展的道路选择就变得尤其重要,其是传统武术可持续发展的必然趋势也是发展需要采取的必要手段。为保证其自身状况的可持续发展,应循环利用其自身资源,为传统武术的可持续发展奠定良好的物质基础。以武养物,促进传统武术本身、社会的不断发展。

传统武术不仅是一种能够表达中华民族精神的文化,也是一种能够强身健体的运动。传统武术通过竞赛的方式,使人们广泛参与到活动中,也在一定程度上满足了人们审美和求知的需求。由此可知,人们应该对传统武术进行深入挖掘,探索其丰富的经济资源,具体可从以下四个方面入手进行探索。

第一,举办武术竞赛。通过竞赛这一方式,引导人们的广泛参与,不论是学生还是上班族,都可以通过竞赛方式得到精神文化的提升与体魄的锻炼。与此同时,传统武术在市场经济的操控下,还可以带动相关产业的发展,从而促进传统武术的可持续发展。

第二,开发与利用传统武术的文化价值。传统武术蕴含了我国丰富的历史文化与底蕴,对其进行发掘,可以发现其文化价值与经济价值。例如,通过举办文化节这一形式,可以实现经济价值与文化价值的大丰收。

第三,开发传统武术的健身功能。为顺应社会发展,可以大力开发传统武术的健身功能,使社会全体人员参与到活动中来。例如,开展健身俱乐部、培训班等,在弘扬武术文化的同时,促进社会的经济发展。

第四,提高习武者的生活保障。国家相关机构可以对从事武术教育的人进行调查,并通过福利补贴、提高薪资等方式,使其受到社会重视。一方面,可以促进武术行业的更好发展,营造良好的氛围。另一方面,习武者也能够全身心投入工作,在推动武术建设方面发挥自己的光与热。

(2)传统武术可持续发展的策略

传统武术可持续发展的策略,主要包括三个方面。

第一,采用合理措施对武术活动进行推广。从国家层面来说,传统武术的发展应得到相关部门的高度重视与扶持，例如由主管部门进行全程把控，有计划、有步骤地推广传统武术，可以采取在社区开展讲座、宣传栏发放公告等方式。在推广中要注重其科学发展，组织学者对教材进行科学规范。

第二，采用合理手段对武术拳种进行保护与推广。我国的传统武术具有非常丰富的拳种，应在考虑其自身发展优势的基础上，再次进行建设。在顺应社会发展方面，制定相关的体育赛事制度，使其发展更加专业化、规则化，注重传统武术的可持续发展能力，从而有效地推动传统武术的发展。

第三，采取合理措施对传统武术的功能进行大力宣传。如今，人们越来越注重对自身的投入与建设，健身也成了人们的日常生活。在对传统武术进行推广时，应大力开发其具有的健身功能，顺应时代发展，使传统武术发挥其作用与价值。

（三）传统武术文化的可持续发展

随着社会发展的快速变化，人们更加注重精神层面的发展和生活质量的提升。健身这一活动成为人们不断追求的一项体育运动。若想使传统武术得到更长远的发展，需要从其本质特征入手进行研究。传统武术为现代武术的传承与发展提供了不竭的动力与源泉。因此，传统武术的发展状况至关重要，应注重其文化内涵，从可持续理念入手，树立该运动未来的发展体系。对于体育活动来说，可持续发展的定位与追求，具有深远的意义与促进作用。

合理开发传统武术，可以促进传统武术的持续健康发展，使传统武术文化得到及时创新，让武术的发展跳脱于旧有的传统武术模式，从而使传统武术能够更好地适应社会、为人民群众服务。

而对传统武术相关意识形态的研究，则是传统武术文化需关注的，具体表现为如下几方面：传统武术具有的文化特征；传统武术中出现的认知方式与价值取向。通过研究传统武术的意识形态，可以有效推进传统武术文化的发展，推动社会进步。传统武术文化以中华民族文化为基础，同时汲取了外部世界思想，这是一种兼容内外部环境的文化思想。而中华民族的价值观念与心理体现的是传统武术文化，在一定程度上也可以指导现代人的价值观念与审美。

因此，对于传统武术进行传承与发展：一方面，要结合我国目前的发展背景环境，即围绕社会主义现代化建设开展；另一方面，要融入时代精神内容，顺应时代发展潮流，从而得到更广阔的发展空间。

第四节　传统武术的产业化发展研究

随着我国社会的不断发展进步以及社会主义市场经济体制的不断完善，体育事业在我国也得到了非常迅猛的发展。在体育产业突飞猛进的发展态势推动下，我国的传统武术开始走向市场化的道路，成为一门新兴产业。为了将传统武术产业潜在的经济价值以及市场效益充分挖掘出来，应将传统武术产业发展和国民经济发展相结合，让二者之间形成互相促进、互相支撑的紧密关系。只有推动传统武术产业化发展，才能够有效促进传统武术以及国民经济的发展。

一、传统武术产业解析

（一）传统武术产业的界定

从现代经济学角度分析，传统武术产业指的是在市场经济体制下运行的传统武术。传统武术产业，一方面，包括进入市场实行商业化经营的传统武术活动；另一方面，也包括和传统武术相关的所有生产与经营活动。

在现代社会主义市场经济的背景下，经济效益是人们首要考虑的对象，传统武术只有在产生客观效益的前提下，才能够引起人们的注意，从而促进自身的发展。倘若在有物质投入的情况下，传统武术产出的只有精神，却没有产生足够的经济回报，这样，不会引起人们的兴趣。因此，传统武术想要发展，就必须由公益型、事业型转变为经营型，并且能够产生经济效益才可以。

发展传统武术产业包含以下几个环节：传承、宣传、开发、交流。发展传统武术产业的关键在于传统武术资源的开发和利用以及传统武术市场的打造。推动传统武术产业化发展，需要改革现有传统武术体制，激发传统武术的自我发展潜力，使其能够为社会提供与传统武术相关的产品和劳务。[①]

传统武术产业要符合现代武术的运动规律，适应社会主义市场经济的根本需求，并以此为基础实现传统武术市场的拓宽与传统武术经济功能的开发，借助系统的经济行为刺激市场需求。传统武术产品化必然能够在经济发展的同时获得更多的关注和重视。可以从以下三个角度去理解传统武术产业。

第一，内容的角度。传统武术产业的内容既有与传统武术直接关联的经营、生产活动，也有其他与传统武术相关的经济活动。

第二，发展的角度。传统武术产业化的本质在于传统武术以市场经济为方向发生基本运动方式的转变，可以说传统武术产业化的过程同时也是一种新的

---

① 薛宇. 武术现代化发展理论与评价[D]. 北京：北京体育大学，2013：15-29.

经济机制的形成过程,是传统武术与经济完成有机结合的一个过程。要实现这一过程,必须要遵循市场经济规律以及传统武术的发展规律,运用合理的市场手段、行为、原则以及经济方法,不断拓宽传统武术的市场,不断强化传统武术的自我发展潜能,不断推动完善传统武术市场的运行机制。

第三,性质的角度。从本质上来讲,传统武术产业属于服务行业。

要理解传统武术产业,首先要知道什么是产业,产业指的是具有某些共同特征的经济活动集合而成的系统。传统武术产业由提供传统武术相关产品的各种经济活动与有关经济机构共同构建,其支撑为传统武术技术。和其他产业一样,传统武术产业主要由传统武术产品和传统武术服务组成。传统武术产业在我国体育产业中占据重要地位。

传统武术产业化不仅要追求经济效益,还要追求社会效益。传统武术是我国传统文化的代表之一,想要在经济全球化的趋势下实现产业化发展,就必须要充分发挥自身的文化艺术优势,不断创新,不断创造,不断吸收科学、有效的新理念、新思潮,不断探索新的发展路径和发展模式。近年来,传统武术受到的关注越来越多,受重视程度越来越高,其产业化发展道路必将越来越稳定、越来越宽广。

(二)传统武术产业的发展、分类和特征

1. 传统武术产业的发展

在古代,对于教授传统武术的人以及其他的习武者来说,传统武术是一种谋生手段和生存方式,这充分体现了传统武术具有的经济价值。在当今社会,传统武术的健身作用更是让传统武术产业具备了无限的市场潜力。在经济飞速发展、人民生活水平不断提高的同时,人们工作和生活的节奏也随之加快,快节奏的生活给人们带来了很多的健康隐患。在这种社会环境下,传统武术的健身价值开始受到越来越多人的关注和重视。未来,传统武术将会是大众非常喜爱的一种健身方式,传统武术产业的发展有利于改善人们的生活质量,尤其是对老年人,传统武术可以帮助老年人培养共同兴趣,提升老年人的身体素质。

随着传统武术运动的普及,传统武术产业的规模也在不断扩大。近年来,传统武术产业门类越来越齐全,涵盖的内容也越来越广泛,其成为包含传统武术旅游、传统武术用品输出、传统武术劳务输出、传统武术表演、传统武术竞赛等多种主题的综合体育产业。

2.传统武术产业的分类和特征

（1）传统武术产业的分类

想要发展传统武术产业，就必须充分地认识与了解传统武术的产业体系，只有这样，人们才能够做到统筹全局，从而对传统武术产业发展的侧重点进行确定。

如表6-1，以"体育消费决定体育市场，体育市场决定体育产业"的"消费决定论"为依据，可将传统武术产业体系划分为三部分，分别为核心产业、中介产业、外围产业。

表6-1 武术产业体系的分类[①]

产业内容	产业结构	武术市场
技术产业	核心产业	表演市场、健身娱乐市场、技能培训市场等
人才产业	中介产业	高水平武术运动员、民间武术家、武术影视明星、武术经纪人、武术信息咨询、武术劳务市场、武术金融保险等
文化传播业、产品制造业、建筑业	外围产业	武术影视、武术音像图书、武术旅游市场、武术大型活动、武术服装市场、武术纪念品市场、武术器械市场、武术场馆等

传统武术技术产业是传统武术产业的核心产业之一，想要发展传统武术产业，必须要提升传统武术的技术水平。传统武术技术产业的发展主导传统武术核心产业的整体发展。而传统武术核心产业指的是传统武术产业中的龙头产业，具有带动传统武术中介产业与外围产业发展的重要作用，而传统武术中介产业与外围产业的发展能够反过来巩固、强化传统武术核心产业的发展。

（2）传统武术产业的特征

传统武术产业具有以下四点特征。

第一，存在关联性。传统武术产业具有非常强的关联性，这一特征很大程度上取决于传统武术的自身特点。传统武术是我国传统文化的重要组成部分，和其他的传统文化存在非常紧密的联系，具有非常丰富的价值功能。开发传统武术的同时也是对传统武术培训、传统武术经济、传统武术用品等传统武术相关产业的开发。由此可见，传统武术产业是一种具有广泛关联作用的上游产业。

第二，发展潜力巨大，且影响深远。作为拥有广泛群众基础的一种体育产业，传统武术产业的发展潜力毋庸置疑。传统武术产业是我国传统体育产业的一种，

---

① 王国成. 传统武术文化传承与发展研究［M］. 北京：华文出版社，2017.

是非常纯正的本体文化，在中国具有非常深远的影响和广泛的群众基础。传统武术在发展中华传统文化的过程中，也吸收了很多其他优秀传统文化的优点，具有非常可观的发展潜力。

产业化发展是我国传统武术发展的必经之路，通过传统武术产业化，能够体现出传统武术事业在市场经济体制中的经济价值。传统武术产业化不仅可以促进传统武术发展，还能够增加区域经济影响力，创造经济价值。传统武术产业环境污染程度低，资源消耗少，是一种可持续发展的产业形式。

第三，具有良好的社会价值。传统武术产业是一种劳动密集型产业，能够创造许多的就业机会，巨大的发展潜力扩大了传统武术产业的人才需求，拓宽了传统武术产业的就业空间。除此之外，传统武术产业在发展的同时还能够带动当地服务业同步发展。可见，传统武术产业的发展有利于社会稳定，能够创造巨大的社会价值。

第四，具有明显的国际化趋势。作为文化输出大国，我国的传统武术文化一直受世界各地人民的喜爱，传统武术产业具有明显的国际化趋势。目前，全世界已有一百多个国家和地区加入了国际传统武术联合会，传统武术国际化发展的产业基础十分坚实。

二、传统武术产业化的原因、发展模式及意义

（一）传统武术产业化发展的原因

（1）经济原因

和平与发展是当今世界的两大主题，而世界的发展离不开经济的发展，市场化又是现在世界经济发展的趋势。在市场经济条件下，在经济发展规模增大的同时，各部门间的联系也在逐渐加强，由此对产业化也提出了更高的要求。因为我国的市场经济和体育产业都在发展，因此，要求作为体育产业组成部分的传统武术产业也应该不断地向前发展。总之，传统武术产业化发展是我国经济发展的需要。

（2）自身原因

传统武术本身需要向产业化的方向发展，产业化是我国传统武术发展的必经之路。我国传统武术自身具备许多的发展优势，这些优势是推动传统武术发展的有力动力。我国传统武术向产业化方向发展具有以下四点优势。

第一，我国的传统武术水平达到了世界顶级水准，为产业化发展奠定了坚实的先天基础。

第二，我国具有非常丰富的产品、技术、人才资源，这些资源奠定了传统武术产业化可持续发展的基础。

第三，传统武术起源于中国，具有非常悠久的发展历史和十分广泛的群众基础，产业化发展的消费群体庞大，消费市场广阔。

第四，中国的传统武术在世界上具有非常广泛的影响力和众多世界名牌。以传统武术为题材的影视作品、文艺作品众多，受到世界各国、各地区人民的喜爱，传统武术在武术产品、表演竞赛、音像产品等领域的经济效益良好。

（二）传统武术产业化发展的模式

市场主导型发展模式与政府参与型发展模式是当前我国传统武术最主要的两种产业化发展模式。政府应在传统武术产业化进程中发挥其引导推动作用。结合我国基本国情可知，政府参与型的传统武术产业化发展模式更加适合现阶段传统武术的发展，具体原因如下。

第一，传统武术在我国的产业化发展时间并不长，缺乏完善的市场体系以及规范的消费运作，如果采用市场主导型发展模式，势必会四处碰壁，甚至走错方向，因此需要政府部门的引导。

第二，在政府参与型发展模式下，政府有关部门的作用和职能能够得到充分的发挥，有利于解决发展中遇到的问题。在政府的参与下，发展的重点和计划会更加明确。

让政府参与到传统武术的产业化发展中，并不是说要扼杀其他的发展模式，实际上想要让传统武术得到更好的发展，并不能采取一成不变的发展模式，要推动传统武术产业与经济、社会同步发展，必须要根据实际情况不断调整和优化发展模式，找出传统武术产业化发展的最优路径。

（三）传统武术产业化发展的意义

随着我国人民生活水平的日益提高，越来越多的人注重健康产业，热爱传统武术，发扬传统武术，武术产业在今后很长的一段时间内具有很大的开发潜力并走向世界。想要让中国传统武术在现代社会继续发扬光大，需要严格遵守社会主义市场经济规律，创新发展策略，优化发展方法，认真分析理解构成传统武术市场的各项基本要素，不断汲取经验教训。

1.对传统武术自身发展的意义

传统武术产业化发展对传统武术自身来说具有如下三点重要意义。

（1）传统武术产业化能够推动、促进传统武术自身的发展

社会在发展，时代在进步，人民的生活水平也在不断提高，因此，人们的价值标准和欣赏品味也会不断攀升，这就要求传统武术向满足人类各种兴趣爱好的方向发展。传统武术产业化，能够有效提升传统武术本身的多样性和综合性。传统武术在产业化发展过程中应完善以下两个方面的内容：一是竞技武术；二是健身招式。竞技武术要追求"高、难、美、新"，健身招式要讲求简单、易学。此外，传统武术的文化底蕴及时代价值体系也有待进一步挖掘。

（2）传统武术资源在产业化发展过程中会得到有效的保护

想要发展传统武术产业，势必要考察传统武术的历史，挖掘传统武术的原本面貌，在各地建立具有地方特色的拳种体系。可见，传统武术产业化过程本身就是对传统武术资源的保护过程。

（3）能够扩大传统武术的学习人群

传统武术是我国优秀的文化瑰宝，具有独特的文化魅力，与现代健身相结合后，其吸引力会进一步提升。在产业化发展的推动下，会陆续有学校开设武术类专业来吸引生源，无形中扩大了传统武术的学习人群。

2. 对社会经济发展的意义

传统武术产业化发展对社会经济发展来说具有如下三点重要意义。

（1）传统武术产业化发展能够促进经济发展

传统武术产业化发展能够大大增加就业机会。对于热衷于健身、喜爱武术的人来说会有更广阔的消费空间，可见，传统武术产业化发展能够改善社会就业问题，提高经济增长速率。

（2）传统武术产业化发展有利于推动国民经济产业结构的优化和调整

在国民经济发展中，传统武术产业包含在第二产业和第三产业中。除了其中部分传统武术设备、用品业属于第二产业制造业外，多数属于第三产业服务业和教育业。目前，我国的第三产业发展相对滞后，国家逐步对产业结构进行调整，大力发展第三产业的政策不断推进。传统武术产业的开发，对扩展我国第三产业的发展空间十分有利，也间接推动了体育产业制造业的发展。

（3）传统武术产业化发展有利于促进消费

消费是国家经济发展的重要驱动力之一，通过扩大内需刺激消费，可以推动国民经济健康、快速和可持续发展。我国是一个具有悠久历史的文明古国，传统武术源远流长，对传统武术产业的开发，也是刺激与拉动内需的手段之一，并可以起到吸收社会闲散资金的重要作用。

第五节 传统武术与现代健身的融合发展研究

一、传统武术健身的现代价值

(一)传统武术在生理健康方面的价值

1. 个体生理机能方面

当人体在进行体育运动时,非常需要身体进行有规律的适度的运动,这是人们通过反复的实验研究得出的规律。比如在我国远古时代,武术是一种搏击的方式,不过在当时人们还是注意到了武术在强身健体方面的效用。例如"搏刺强士体"就具有两层含义,第一层是说人们可以利用"搏刺"的运动方式来健身健体,第二层是说人们要想成为一个强有力的搏击高手,就一定要具有一个很强健的体格。因此可以说,搏击和强健身体这二者之间是相互影响的关系。

我国传统武术的价值具有三个层次的内涵:一是通过武术可以增强人们的身体素质,更好地维持人体各方面的功能;二是说武术能够帮助人们抵御疾病的侵袭,防止人们不生病;三是武术可以帮助人们增加寿命。通常来讲,我们认为武术是否具有价值,就是看武术能否在这三个方面发挥作用。

我国传统武术的项目十分丰富,内容也是多彩多样,除了一些对抗性质的练习,还有一些套路上的练习招式。套路练习动作中不仅包含一些拳术还包含一些器械。在进行对抗练习的过程中,不仅可以采取单人练习的形式,还可以采用对打练习的方式。另外,还存在其他一些经典的流派和各种拳法。通过这些各有特点的武术练习方式,可以强健体魄、锻炼身体。

我国传统武术的练习通常不讲究较大动作幅度,对练习强度也不做较高级别的要求,不过一定要注意做到动作内外的和谐统一,力求实现人体周身的所有肌肉与骨骼和思想精神都能够相互融入。在我国传统武术的练习过程中,人体的各部分器官、肌肉与骨骼甚至是内在精神都能够相互融合、相互配合,即身体各部分能够形成一个高度反应的有机整体。因此,武术是一项精密性和连贯性都很高的全身运动,它要求人体具备较好的灵活性与协调性,只有这样才能通过持续的武术练习提升人体的反应灵敏度与身体的柔韧性与灵活性,平衡气血,调节人体所有的内分泌系统,实现身体各项技能的有效运行。

总的来说,传统武术在锻炼身体方面的功效可以通过这几个方面反映出来。

（1）协调神经系统

细胞是构成人体的最基本的单位，身体的各个组织也是由细胞构成的，这些组织又是组成人体心、肝、脾、肺、肾等各个器官的主要结构。身体中的神经组织通过把不同的人体细胞排列组合成一个有效的整体，让它们在各种状态下都能够适时调整，最终构成一个有效的身体系统。

中枢神经系统和周围神经系统是构成人体神经系统的两大部分。如果说人体是一个团体，系统以外的所有神经结构中枢神经系统就是指挥整个团体作战的中央司令部。人体的小脑、大脑还有脑干构成了人体的中枢神经系统，其中具有绝对领导能力的器官是大脑皮层。中枢神经系统以外的所有神经结构就是我们常说的周围神经系统。

反射活动贯穿于人体的所有活动当中，当人体与外界环境发生接触或者内在环境发生改变时，感觉器官就会相应地发生变化，做出反应，并将这种刺激通过神经传到人体的中枢神经系统，然后中枢神经系统又会把得来的信息进行总结分析后传达给身体的各个器官，从而指挥身体其他器官的活动。

在人们平时的生活中，大脑是被利用最多的器官，大脑工作一天所消耗的能量大约占了一个人一整天消耗能量的 1/7 左右，不过，大脑自身几乎不会自己存储能量，大脑运行能量的来源主要是存在于血液中的能量。人们在进行武术运动的时候，通常气血较为充盈，并且大脑内部的血液循环也是十分通畅的，能让大脑保持一种良好的运行状态。

（2）带动人体的心肺功能

循环系统承担着人体营养物质的供给与补充职责，如果循环系统运行得好，各个器官都能够得到很好的营养物质，那么人体也就能很好地运行。很多的研究证明，我国传统武术中的一些关于拳法的练习都能够改善心肌功能。

在进行传统武术练习时，非常讲究呼吸，因为运动呼吸能够更深、更长、更柔。腹式呼吸是我国传统武术练习中采用的主要的呼吸方法，它能够使腹腔呈现宽松饱满的状态，增大人体的肺活动空间，使肺活量增大，从而很好地带动血液循环。调查研究发现，若采用腹式呼吸的方法，人体膈肌每下降 1 厘米就可以增加 300 毫升的肺活量。

在对高血压患者进行观察研究的过程中，我们发现，通过练习传统武术中的太极拳和气功都能实现对高血压的预防与治疗。存在于人体中的血红蛋白数量的多少很大程度上决定了人体血液能够运输氧气的多少，因此血红蛋白是一个反映人体机能的十分重要的参考指标。红细胞中存在着大量的血红蛋白，通常情况下，如果人体中的红细胞数量多，那么血红蛋白的含量相应地也会比较多，值得注意的是，人体血液的黏滞性受红细胞数量的影响，红细胞太多的话就会增加血液流动的阻力，甚至会给心脏带来更多的压力，因此不可以通过直接增加红细胞的数量来增加血红蛋白的数量。通过对武术爱好者的身体进行研究发现，通常武术爱好者在非运动情况下，身体中红细胞的数量不多，但是血红蛋白的含量已经达到了正常值，这也证明可以通过武术运动来调节红细胞和血红蛋白的比值，增强身体细胞的免疫功能。

（3）有利于强化运动系统

人体中存在着六百多块肌肉，肌肉的重量从几克到几千克不等。肌束是组成肌肉的基本单元，小肌束组成大肌束，小肌束则是由许许多多个十分细小的肌肉纤维构成的，即肌肉细胞。

人体肌肉力量的大小受很多因素的影响，其中比较重要的就是肌肉中纤维的数量多少、肌肉纤维的收缩力度大小以及肌肉和骨骼相互作用时的条件等。一般当人体在进行体育锻炼时，肌肉纤维的数量是不会发生变化的，发生改变的只能是肌肉纤维的内在质量。在我国传统的武术运动过程中，拳法和散手运动对改善肌肉能力有很好的效果，太极拳和气功对提升肌肉质量方面也有很好的效用，这些运动都能够很好地保证肌肉中血液的营养供给与血液输送，提升肌肉中的新陈代谢，提高兴奋度，长此以往，肌肉纤维的数量也会逐渐增多，这样就会使人体的肌肉力量越来越大。

此外，人体的骨骼在人体中充当了十分重要的角色，大学生在参加武术练习的时候可以很好地提升骨骼肌的力量，从而完善人体骨骼的结构。在对老年人骨骼进行研究时还发现，太极拳还可以很好地帮助减缓骨质疏松的速度。

2. 个体生理健康方面

人们对健康有了进一步的认识和理解，认识到人体健康不仅仅是指身体健康，而且还包括心理健康、道德健康和社会适应性等方面。单纯地从身体素质来说，传统武术的健身价值表现在诸多方面，人们可通过科学的传统武术习练，达到强身健体的目的。

（1）太极拳类武术的健身价值

太极拳属于我国的武术类项目，具有显著的价值与意义。在武术运动被广泛传播的历史中，太极拳的健身价值渐渐地被人们所了解，并受到人们的赞扬。随着时间的流逝，太极拳类武术始终发挥着健身服务的功能。太极拳类武术是早期健身运动之一，它将修身养性以及健身功能有效地结合在一起，在现如今社会快速发展的背景下，这类武术项目在健身方面所产生的价值更加显著，主要表现在以下几个层面。

第一，这类武术项目重视调息与意念，动作表现应该体现出弧形、螺旋式的旋转，利用意念调动并促进血液循环，腰脊作为轴心力量轻轻地转动，并调动四肢共同进入有节奏的动作中，让全身处于静态的放松状态，促进全身气血的流动。

第二，太极拳重视内在的力量，而内在力量的产生来自丹田，腰脊作为轴心力量轻轻地转动，身体的上部动作是旋腕转膀，身体的下部动作是旋踝转腿，最后都集中于"四梢"，从而改善了身体不同肌肉部位的力量以及不同器官的功能。

第三，定期的练习太极拳可以促进情绪达到一种稳定的状态，并且使人体内分泌系统维持在稳定状态。

第四，经常练习这类武术项目可以提高人体的免疫力，对不同类型的慢性疾病以及内环境稳态等方面也能产生一定的保健功能。

第五，在练习太极拳的过程中，可以通过调节呼吸系统促进肌肉及骨骼的运动，保证动作与呼吸系统和谐一致地运行，进而提高内脏器官的功能。

第六，这类武术项目的训练需要保持精神、动作以及呼吸之间的协调性，在训练的技能上保持内外和谐性，从而促进人体协调健康地成长。

在练习这类武术项目的过程中，应该重视力量的控制以及气息的调节。即使在高强度的运动下，也应达到气息持续稳定的标准。整体的动作流程非常熟练之后，应该达到"神色不变"的状态。

（2）长拳类武术的健身价值

长拳类武术项目动作表现比较丰富，例如，屈伸、跳跃、平衡以及翻腾等。在训练长拳时，人体内不同的器官都加入运动的过程中，肌肉以及神经系统都一定程度地受到了影响。处于发育时期的青少年练习长拳类武术能够增强人体的新陈代谢能力，让骺软骨达到更高的软化水平，从而加强人体的成长。

长拳类武术项目所产生的功能表现在以下几个方面。

第一，心血管系统方面。长期地训练长拳类武术项目可以提高心脏血管系统的机能，静态时脉搏跳动频率慢，无论是收缩压还是舒张压都处于低压的状态，在生理学中称之为"脉搏徐缓"，这表明人类的心脏器官在一定的时间内收缩的频率低。血液的循环流动满足了人体机能的要求，分担了心脏所承受的压力，同时也使神经系统得到了改善。人们将收缩压以及舒张压都处于低压的状态称为"低血压"。

第二，呼吸机能方面。通常情况下，长拳类武术项目的运动强度高，但需要的时间不长，导致氧债百分位达到了 70%～80%，氧债全部排掉需要 8～9 分钟，即呼吸系统的功能要始终处于提升的状态并坚持 8～9 分钟。代谢率达到了 15.9%～19.5%，一般等同于人们跑步五千米。

所以，长时间地加入长拳类武术项目的训练可以增强呼吸系统的功能。长拳类武术重视并遵从六合，即人们经常提到的内外和谐统一的状态，要想达到这种状态需要增强神经系统的功能，尤其是神经系统的支配能力，从而保证各个器官都达到协调的状态。

第三，中枢神经方面。长拳类武术项目的动作训练需要练习者能够控制好自己的力量，并具备良好的反应能力。例如，"动迅静定"，要求动如闪电、静如山峦，无论是接受攻击性行为还是发出反击性动作都需要发挥出一种爆发性的力量，动作完成之后，立刻进入放松的状态。这就要求神经系统表现出较强的转换功能。所以，经常参与训练能够增强神经系统的功能。

（3）南拳类武术的健身价值

南拳是对流传于我国长江以南各地诸多拳种的统称。南拳流派繁多、风格多样，突出表现为以下几个特点：手法多样，而且"多短拳"，故有"南拳北腿"之称；动作紧凑，劲力刚健，步法稳固，重心较低；快慢相间，长短并用，刚柔相济，以刚为主。快时迅速清晰，慢时沉稳有力；身法吞吐浮沉，腰腿身手贯穿一致，手起肩随，完整一体；气沉丹田，发声吐气，以气催力，常配合发力因势发声，以助动作饱满刚劲，突出南拳的刚烈风格。

根据南拳的特色以及其他方面的研究，可知南拳具备非常显著的健身价值。南拳运动主要是力量的表达，学生们长期地进行南拳的练习可以促进肌肉发达以及筋骨强壮，强化身体各方面的素质。除此之外，南拳类武术项目主要具有蓄劲闭气以及发劲开声的特点，这两点的运用对人体的各个系统都产生了一定的促进作用。

（4）对抗类武术的健身价值

这种类型的武术项目主要是身体力量的抗衡，在训练的过程中，身体内的各个器官以及肌肉都被调动起来，增强了学生们多方面的身体素质。对抗类武术的健身价值可通过以下几个方面进行展示。

第一，对抗类武术运动体现出爆发力强及速度快的特点，规定在一定的时间内完成高强度的运动。机能的改变促进了心肌代谢，从而通过血压的变化让心肌产生较强的血液循环。

第二，对抗类武术项目运动量强，有利于加强肺通气的功能，在加强心肺功能等方面也发挥了一定的作用价值。

第三，经常训练对抗类武术项目能够促进肌纤维增粗，肌腱的韧性与弹性明显提高，让学生们的肌肉更加发达，筋骨更加强壮。

（5）导引养生类武术的健身价值

无论是在理论方面还是在实践方面上，导引养生这类武术项目和传统武术都具有显著的相关性。这类武术项目所产生的健身功能表现在以下几个方面。

第一，导引养生类武术项目主要是将呼吸功能与动作有效地进行结合运用，例如，调息运气以及以气运身等等，其动作呈现完整性与合理性，可以不断地增强呼吸功能，进而促进对内脏器官的训练。

第二，导引养生类武术项目倾向于身体的放松，只有身心得到放松之后，全身脉气及血液流动的速度才能更快，进而促进通经活络。

第三，导引养生类武术运动具有全面性、综合性以及平衡性等特点，打通了人体的经脉并促进了脉气在全身流动。其以放松为前提，动作呈现圆润转动、阴阳交错的特点，全面而深层次地激发了经脉各个分支上的300多个穴位以及经络不同形态的立体结构，防止经络流通道路出现阻塞的情况，进而将经络系统所具有的调节及控制功能充分地展现出来，促进人体健康成长。

（二）传统武术在心理健康方面的价值

具备健康心理的个体，其智力是正常的，人格是健全的，交际能力以及心理承受能力等都是优秀的，这就是人们对心理健康的认知。世界卫生组织制定了心理健康的标准，表现在三个层面：第一，心理健康的个体，除了人格是健全的之外，其对自己的评价也是客观正常的，情绪保持在稳定的状态；第二，善于自我控制，始终维持心理达到平衡的状态；第三，自尊、自信、自爱，认识到自身的优势与缺点等。

传统武术对人们心理健康的促进作用与价值是非常重要的，下面通过三个层面进行阐述。

1. 有利于保持良好的情绪

武术运动是否对心理健康的发展起到了促进作用的判断标准是情绪的稳定程度。调查结果表明，暴躁易怒的人在训练太极拳期间仅仅花费15分钟，其不良的情绪就会得到缓解。其产生机制是武术运动能够促进脑部血液循环，激发人体，使之产生大量令人感觉舒服的"内啡肽"，进而使得情绪稳定。长时间的练习武术可以产生自我良好以及自我满意的感觉，进而促进良好情绪的产生，使人的精神达到稳定的状态。这种积极向上的感觉逐渐地提高了练习者的自信心，有利于练习者心理健康的发展。

2. 有利于提高智力、记忆力

武术运动可以让情绪维持在稳定的状态，在一定程度上也促进了智力的发展。长期训练武术套路的人，其专注力、应变能力以及逻辑方式等都得到增强，这些非智力因素可以显著提高人们的智力。在进行武术对抗性运动的过程中，需要根据对方的攻击动作快速地进行反击，这既可以明显增强训练者的反应能力，同时又可以促进神经系统的发展。经常练习武术运动不仅增强了血液循环的能力，而且也增强了训练者的呼吸能力，除此之外，还促进大脑吸收了大量的营养物质，增强了人们的记忆力。因此，武术项目的训练在智力与记忆力的提高等方面具有显著的价值与意义。

3. 有利于培养坚强意志

武术的训练需要良好的忍耐力以及永不放弃的精神，在训练的过程中，练习者经历了身体上以及精神上的双重挑战。武术运动水平的显著性提高绝不是一蹴而成的，而是经过长期坚持不懈的训练，甚至需要花费自己的毕生精力进行苦练才能实现的。练习者一旦产生怕苦或者懈怠的心理，则一定会前功尽弃。这诠释了武术谚语中的"拳不离手，曲不离口"等经典句子的含义。由此可知，武术项目的训练一定要具备强壮的身体素质，还应该具有永不放弃、坚韧不拔的精神，这是武术练习者取得成功的必要条件。

二、传统武术与现代健身理念的融合

（一）现代健身理念

当前，健身已经逐渐成为人们生活中重要的方面，相应地，健身理念也有了一定的发展。常见的现代健身理念主要有五大类，即全民健身理念、终身体育理念、生物—心理—社会立体健身理念、娱乐健身理念以及生态体育健身理念。下面仅对社会上流行的全民健身理念、娱乐健身理念和生态体育健身理念进行逐一分析。

1. 全民健身理念

如今，全民健身是一个新型的涉及国家角度的当代健身观念，这项全民参与的社会活动需要全社会人们的大力支持和共同参与。同时，这也是一项目标准确、计划周密的健身活动，它的有效推进有利于实现社会主义现代化的宏伟目标，有利于全面提高我国人民的身体素质和健康水平。

竞技体育是我国开展全民健身计划的主要目标，可见，在奥运赛场上取得优异的成绩和全民健身活动是具有一致性的,但事实上在奥运赛场上的优异成绩的重要程度是强于全民健身活动的。

一个国家是否是体育大国,其衡量标准并非只有金牌数量这一个,国家的全民健康指数才是更重要的衡量标准。因此,一定要大力倡导全民健身、全民参与的健身理念。

2. 娱乐健身理念

人们在余暇时间进行的以满足自身心理、身体方面得到一定活动要求的身心锻炼形式,就是所谓的娱乐健身。简单来说,娱乐健身就是以娱乐为目的而进行的健身。这也就赋予了健身锻炼强烈的游戏娱乐色彩,与传统的"磨难式健身"方式有着本质上的不同,符合现代人们对高品质生活的要求。

娱乐健身的具体形式有很多,其中,最常见的有瑜伽、街舞、韵律操、交际舞、太极拳、沙狐球、各种体育游戏、保健操等。这些健身形式受到人们的广泛欢迎和青睐,其主要原因离不开它们技术要求低、时间要求松、体能消耗小、经济负担小、运动方式活、锻炼轻松化等特点。通过娱乐健身的开展,能够在使锻炼者的生活健康、精神需要得到充分满足的同时,帮助人们建立完整的人格,使他们的文化水准得到一定程度的提升,社会生活风气得到有效改善,最终大大提高国民的身体素质和生活质量。

3. 生态体育健身理念

在自然生态环境和社会生态环境中开展的体育健身,就是生态体育健身。人们进行健身运动的目的有很多,除了要增进身体健康,还要达到促进心理健康、提高生活水准、改善生命质量等多方面的目的。比较常见的生态体育健身的形式有野外探险、登山、滑沙、攀冰、冲浪、高山攀岩、海边潜水、江河漂流、滑雪、溪降等。这些原本只是登山家、探险家、专业运动员"专利"的活动开始逐渐成为大众生活的一部分。通过生态体育健身,能够使锻炼者在大自然中锻炼胆识,磨炼意志,迎接挑战,享受刺激,达到全面提升健康水平的目的。

(二)现代养生思想

传统武术是一项非常注重养生的运动项目,许多现代养生思想都在传统武术上得到了充分体现。下面通过传统武术了解一些主要的现代养生思想。

1. "刚柔相济""形神兼备""动静结合"

传统武术注重养生,这主要体现在两个方面:一方面,是强身健体,增强锻炼者的身体机能;另一方面,是养生怡情,进一步优化锻炼者的心理状态。

传统武术要求"神形一致""刚柔相济",通过传统武术的锻炼,不仅可以锻炼身体,而且对于内在精、气、神的和谐统一也有积极的促进作用。另外,人们受到"神形一致""刚柔相济"的影响,也能够很好地调整自己的情感。

传统武术要求"形神兼备",强调"调心练意",具体来说,就是要求一切肢体运动与"心""意"紧密结合起来,从而使想象力和意识的作用得到充分的发挥,通过传统武术的锻炼,达到身心俱健的目的。

传统武术主张"松静自然""动静结合",这里所说的"松",就是指精神与形体的放松;"静"指思想和情绪的安静。通过大量的实践可以证明,传统武术强调动静结合,或外动内静,或内动外静,以动为用,以静为养,只有这样,才能够有利于健康。其中,最具有代表性的是太极拳。太极拳以其较高的健身价值和养生价值受到人们的普遍欢迎,这也是其流传至今的主要原因之一。

总之,传统武术运动对于人们增强体质,陶冶情操都有着十分重要的意义。具体来说,传统武术可以帮助人们减少疾病、强健体魄、陶冶情操、热爱生活。人们不需要都采取统一的形式进行锻炼,而是可以结合自身的具体情况找到适合自己的武术项目。

2."天人合一""尚武""崇德"

随着国家经济的不断发展和社会的不断进步,人们逐渐将注意力转移到了自我实现的角度,在提高自己的思想文化素质方面有了新的追求。在我国传统的养生文化中,一直存在着天人合一的思想追求,身心合一是人们一直以来追求的最高境界,它强调人与自然的和谐相处,重视身体与内心的相互统一与融合。

在我国古代的传统文化中,人们一直比较注重武德的培养与塑造,这也充分展现了我国长久以来的民族精神和道德追求。所以,武术爱好者可以通过习武来强健体魄、锻炼身体,并在反复不断的练习中塑造顽强的意志与拼搏的精神。

尚武者通过坚持不懈地进行传统武术锻炼,并且借助于强健的体魄和防身技能战胜恶劣环境和对手,在这样的过程中,其不屈服恶劣环境和竞争对手、见恶不畏、见强不惧、勇于拼搏的精神能够得到较好的提高,这也在一定程度上充分体现了"自强不息"的精神。"崇德"有利于"厚德载物"气度的培养和提高。传统武德的核心思想就是儒家所倡导的"温、良、恭、俭、让",这也充分体现了传统武术的内在精神。传统武术非常重视武德的教育,具体来说,就是要求武者要具备"三德",即手德、口德、公德。所谓的手德,就是较技时不以武力伤人;所谓的口德,就是谦虚,对他人之长短不进行随意的评论;所谓的公德,则是指遵守道德规范,不做扰乱社会治安之事。除此之外,武德还要求锻炼者讲究谦逊恭敬,重视和合。只有做到这些,才能够逐渐领略武德的精神,达到与人友善、淳厚处世、宽容万物的气度。

(三)健身养生思想与传统武术的融合

在现代社会中,政治、经济都在飞速地发展,给人们的生活带来了沉重的压力,再加上现代工业文明带来的舒适生活,造成人们身体肥胖、身体素质下降等问题。在这样的背景下,现代健身养生思想开始逐渐被人们所关注,人们开始萌生健身养生的渴望。在现代社会中,随着人们对健身养生思想的逐渐认识和了解,在发掘传统武术的价值时,要注意将现代健身养生思想与传统武术价值有机地结合在一起。

1. 传统武术健身养生思想与身心价值

在新时代下,人们对于健康意识的理解不能简单地停留在身体层面,也要关注心灵内在的健康。

传统武术健身养生思想对于现代社会人们对身心健康价值的追求具有非常积极的促进作用,具体体现在两个方面。

第一,传统武术养生文化中"内外兼修"的保健思想正好与人们的健康需求相符合。这一健身养生思想,在身体健康方面强调的重点为:对人全面的锻炼,外练筋骨皮,内练精气神,内外兼修,从而全面促进身体健康;传统武术的修炼不仅可以强健体魄,还可以完善人们的心灵世界,从而实现心灵的健康。传统武术中蕴藏着仁爱的观念,这种观念可以在练习的过程中深化于练武者的精神世界中,最终在现实生活的思想道德修养和世界观、人生观中,通过这种调节能够很好地调节人们的精神世界与情感世界。

第二,由于现代社会是一个信息爆炸的时代,老龄化加重,因此,脑力劳动者和老年人都是需要健身养生的重点人群。传统武术就是较为适宜的健身养生方式之一。这主要是由于传统武术是在"天人合一"思想滋养和规范下成长起来的,能够使现代社会人们追求健康身心价值取向的需要得到充分的满足。

2. 传统武术养生的文化内涵与人文价值

传统武术历史悠久,文化底蕴也非常深厚,这与华夏文明数千年的发展是分不开的。另外,传统武术不仅与传统的文、史、哲、理、医诸学科联系密切,而且与博大精深的中国古典美学也有着非常密切的关系。正是由于传统武术的这些深厚的文化内涵，才能够较好地满足现代社会中人们对人文价值的需求。

传统武术的现代人文价值涉及的方面较为广泛，几乎无处不在，其丰富的内涵也在各个领域中得到渗透和体现。当今世界的发展呈现出多极化的特点，在这样的大背景下，我们需要不断加大宣传高尚情操和良好思想道德修养，以及维护良好社会秩序等方面的力度，拒绝那种只关注物质财富而不注重思想道德修养的观念，因为人们一旦失去积极向上的精神追求，就会失去建设社会主义和谐社会的宏伟目标，丧失优秀的行为准则。所以，人们需要不断吸收传统武术良好的文化精髓，崇尚武德，从而为提高我国人民的精神文化水平贡献力量。

传统武术的现代人文价值体现在很多方面，这里主要介绍较为重要的两个方面，一个是传统文化的继承，另一个是审美意识的培养。

中国传统文化中的各种成分和要素几乎都能够在中国传统武术中得到体现，也可以说，中国传统武术是中国传统文化精髓的重要载体之一。传统武术中对现代社会产生重要影响的观点主要有"天人合一""阴阳学说""中和""人伦价值"思想等。由于受现代社会逐渐工业化、都市化的影响，人们与自然的关系日趋紧张，现代国际社会极力提倡的身心健康、团队精神、保护自然环境、保护生态环境等思想，传统武术中的"天人合一"的思想正好符合这一发展趋势和需求。另外，现代社会强调的价值取向为人伦价值、道德价值，我国有56个民族，生活、思想、文化都有其独特的特点，现代社会的多极化发展也要求人们保持浓郁的民族风格，增加民族凝聚力。对此，一种倡导"海纳百川"广泛团结的精神受到社会的关注，这对于我国各民族和谐、统一的发展具有非常重要的影响和作用。

在现代社会中，要培养良好的审美意识，就必须遵循传统武术中"刚柔相济""虚实相生""动静兼备""以形传神"等美学思想，这对于良好审美意识的培养具有非常积极的促进作用。尽管现代社会人们对文化的需求程度不断提高，但是，这种需求的满足还是离不开传统养生文化内容中伦理、哲学、健身等方面的文化思想，这两者能够在空前的广度与深度上交汇融合。由此可以看出，人们能够通过从中汲取精髓来指导自己的行为，以达到现代社会与人们对文化的需求得到满足的目的。

三、传统武术的现代健身定位与发展

传统武术以其深厚的文化底蕴、广泛的涉及领域以及丰富的运动形式等特点，在现代健身中占有着非常重要的地位和作用。另外，为了更好地与现代健身相融合，传统武术在发展过程中应不断创新，采取各种措施以达到进一步发展的目的。

（一）传统武术在现代健身中的优势

1. 与经济发展现状相适应

经济发展情况决定了社会发展的程度。由于我国目前的经济情况与发达国家相比还存在着一定的差距，这也就决定了在短时间内社会和个人对体育的投资都不会太大，也就是体育的发展条件不会非常优越。传统武术是一项对环境要求较低的体育运动，只要一块几平方米的空间，有音乐的伴奏，个人和集体皆可进行练习。传统武术这种经济、实效的特点与社会和个人对体育投资较少的现状比较适应，因此，受到人们的广泛欢迎。

2. 与居民居住条件和体育设施的现状相适应

大众体育的发展，在一定程度上受到人们居住条件、生活条件等方面因素的影响。正因为如此，在城市、乡镇绝大多数的居民点内，在较短的时间内，是不会对可供大众进行体育锻炼的设施状况进行大幅度改善的。尽管如此，传统武术的发展却没有受到影响，因为传统武术对场地的要求不高，因此，这也在很大程度上对我国体育场地不足的情况进行了一定程度的弥补，有利于大众体育的进一步发展。

3. 促进人们身心健康的发展

在传统武术中，有很多拳种都是寓于阴阳、身心兼练的活动。具体来说，传统武术具有套路动作刚柔相济、虚实分明、舒展大方、动静结合、架势紧凑、婀娜多姿的显著特点，因此，它不仅能够使练习者自娱自乐，而且还具有很强的艺术观赏价值。除此之外，练习者通过亲身参与来体会传统武术独有的如诗如画的艺术魅力，能够增强练习者对传统武术健与美的享受。长期进行传统武术的练习，能够在增强体质、提高身体素质水平的基础上，使练习者的心理状态也得到较好的保持。

（二）传统武术在现代健身运动方面的作用

1. 增强现代健身的哲理思想性

中国最具民族文化特色的运动项目就是传统武术，其指导思想为"天人合一"的哲学思想。所谓的"天人合一"，就是要求把人放到自然中去，使人的运动同周围环境密切联系起来，从而使两者达到和谐统一的效果。同时，受外界环境因素的影响，在进行传统武术的练习时，要根据季节、时辰、时令等的不同，而有区别地进行训练和健身，这样能够以自然界和个人体能的变化为依据，通过不同方法达到练功的目的。受此哲学思想的影响，各种"合一"理论在传统武术中得到了充分体现，比如"形神合一"，就是将人作为一个整体来训练，要求做到"内外合一，形神兼备"。

武与德在传统武术中相生相息，关系十分密切。传统武术关于武与德的观点是"武以德立""武以德先"，并且提出了"未曾学艺先学礼，未曾习武先习德"和"缺德者不可与之学，丧理者不可教之武"的格言。由此可以看出武德在传统武术中的重要性，具体来说，就是要想习武和教武，首先要具有一定的武德。另外，还要求习武之人心平气静、持之以恒、循序渐进，切忌急功近利、一曝十寒，否则会达不到预期的效果，更不用说修身养性、培养良好的意志品质了。

2. 提高现代健身运动的养生性、疗病性

我国传统武术在操练过程中讲究的是内外兼修，身心合一。不仅要做到动作上的规范到位，还要传递武术中的精神造诣。这里所说的内外合一，其内在就是精气神和意志的畅通运行，指手眼身心的和谐统一。我们在进行传统武术的修炼时，应力求做到内外兼修，形神兼备，以构成一个和谐的统一体。这不仅能使内在的精气神得到了提升，还能够提升筋骨的力道。

比如，练习少林拳时，要求做到"外练手眼身法步，内练精神气力功"；练习太极拳时，则要求做到"以心行气，以气催力，以力运身，以意导动"，从而达到身心兼修的目的；而在练习形意拳时，则要求做到"气势相连，内外六合，心气一发，四肢皆动"。这些都充分证明了内在精气神与外部形体的有机结合在传统武术中具有非常重要的地位和作用。如果长期进行传统武术健身活动，则能够锻炼身心，从而达到健体疗病、陶冶情操的目的。

传统武术是一项健身性很强的运动项目。长期坚持进行传统武术锻炼，不仅能够达到利关节、强筋骨、健肌肤、壮体魄的效果，而且还能够理脏腑、通经脉、调气血、振精神，从而使练习者的身心都得到良好的改善。除此之外，经常进行传统武术锻炼，不仅能够使练习者的神经、血液循环、呼吸、消化等系统疾病得到较好的预防和治疗，而且对于血液及淋巴循环的改善，体内瘀血现象的减轻，体内物质代谢的增强，因神经系统机能紊乱而产生的消化系统疾病的预防和治疗等，都具有非常积极的作用。同时，传统武术的长期练习，对于练习者脊柱的形态和组织结构以及关节活动的保健作用也非常理想。由此可以得出，传统武术能够较好地满足人们对于修身养性、提高身心素质水平、延年益寿的良好愿望。

3. 提高现代健身运动的健身性、科学性

人们在进行健身运动时只有遵循人体的客观规律与客观现状才能达到修身养性、强健体魄的目的。人们可以通过各种各样的体育运动和正确的健身方式，实现人体各个部位的良性正常，最终实现陶冶情操、强身健体、延年益寿的目的。

中国传统武术是根据中医阴阳五行说、脉象学说、经络学说等基本理论来确定其练功理论的。从中医的理论上来说，其认为人之一身，精气神三者一体、互相依存，具体来说，就是精盈则气盛，气盛则神全，神全则身健。因此，经常进行传统武术的练习，就能达到强筋骨、健体魄、长精神的效果。传统武术还讲究调息行气和意念活动，通过对内环境的平衡性进行适当的调节，能够达到改善人体机能的重要目的。除此之外，通过传统武术中各种运动方法的不同运用，还能够大大提高人体的速度、力量、灵敏度、耐力、协调性、柔韧性等多种素质。由此可以看出，传统武术具有较强的健身性和科学性。同时，为了增强其群众参与性，不同的人群可以根据自身的特点，适当地调整练习的强度，从而提高健身效果，避免运动损伤的发生。

4. 提高现代健身运动的娱乐性、审美性

传统武术是娱乐性与审美性的有机统一。具体来说，传统武术的娱乐性主要是指通过参与其中而感受其圆活和顺、松静自然、意气相通、松紧适度、延绵舒缓等特点，练习者能够从中体会到身心愉悦的感受，达到陶冶情操的目的。而传统武术的审美性，则主要是通过观赏而得到的。传统武术多种多样的拳种和丰富多彩的动作技能，都能够给人以美的享受，也使人追求美的天性得以满足。传统武术受到广大群众的喜爱和欢迎，与其较强的娱乐性和审美性是分不开的。

5. 提高现代健身运动的实用技击性

技击性是中国传统武术的重要特点之一，处于核心地位。传统武术的健身、娱乐、竞技表演、教育等功能的实现，都离不开以技击性为动作设计原则形成的各种攻防技术动作。换句话说，没有技击性的技术动作，就不会形成传统武术，更无从谈起其较强的各种功能了。由于受到传统武术表演性功能越来越强的影响，现代武术的技击性特征逐渐淡化，为了更好地保持其技击性这一核心特点，应逐渐增强其技术动作的实用性。这就要求在套路上"势势相承，遇敌制胜，变化无穷"，从而不仅保证了传统武术的技击性特征，也不失其艺术性，对于现代健身运动具有非常重大的意义。

（三）传统武术在现代健身中的发展研究

在现代社会中，健身运动种类繁多，尽管传统武术以其独特的特点受到人们的欢迎和喜爱，但是，其发展也有一定的局限性。为了在现代健身中得到进一步的发展，需要通过一系列的措施来完善其发展体系。

1. 加大重点项目的开展力度

传统武术经过数千年的积累和发展，形成了种类繁多的拳种、门派，因此，对传统武术各个方面的整理工作较为欠缺。这就需要通过传统武术的自身改革来加大其各个方面的整理、提炼工作力度，完善其规则，从而使传统武术的发展逐渐趋于系统、稳定、独立。在传统武术中，太极拳是普及性较强的运动项目。其主要特点是与气功相结合，动作缓慢柔和、连贯均匀、圆活自然，动作、呼吸和意念相结合。经常长期地练习太极拳，不仅能够起到强身健体、陶冶情操的效果，而且还能够调节情绪，使人们保持良好的心理状态。因此，在现代健身中，应该着重发展太极拳、太极剑等武术项目。

2. 加大宣传和科研力度，进一步突出自身特点

受现代生产力的影响，脑力劳动逐渐占据主导地位，这也就导致现代社会的"文明病"日益严重，因此，人们对于健康和长寿的渴望越来越强烈。传统武术中的导引养生术、太极拳等项目具有很强的健身、保健作用，但是，参与的人却比参加瑜伽等时尚健身项目的数量要少很多。基于这种现象，要想让我国的传统武术走向更高更好的舞台、有更好的发展，就需要让那些有高深造诣的武学专家共同参与到武术的学习与传承的活动中来。这些专家与学者可以开展定期举办的各种各样的武术项目的研究交流会，从而形成一套较为详尽与准确的武术训练体系与方法，帮助初期的习武者进入正确的武术练习道路上来。

3. 提高传统武术发展的实体化和公众化

我国体育运动项目的管理体制有一定的缺陷性，主要表现为分段管理、多头领导、职责不清等，为尽快解决这些问题，通过借鉴国外的"协会制"，并且根据我国的实际情况，逐渐形成了一条符合我国实际的"协会制"道路。这一新型管理体制的建立，对于传统武术在现代健身中的发展具有积极的促进作

用。传统武术在现代健身中的发展，往往只停留在理论层面，实体化和公众化程度较低，因此，这就需要大力发展社区体育，借助社区力量的支持与帮助，大力开展形式多样的培训、表演、比赛等活动，使传统武术在现代健身中得到实质性的发展，从而为现代健身运动做出一定的贡献。

第三章 传统武术与中国文化精神

传统武术是一项原始的民族传统体育,它是在长期的生产劳动中形成的,具有明显的民族特性。在传统武术的发生发展过程中,中国传统文化对其造成了很大的影响,从而赋予传统武术更多中国传统文化的色彩。本章内容主要包括传统武术的文化进程、传统武术与中国传统哲学文化、传统武术与东方古典美学文化、传统武术与中国传统艺术文化、我国不同地域传统武术文化研究。

第一节 传统武术的文化进程

经过数千年的文化熏陶,中国传统武术在发展中独具民族文化特色,成为传承中国传统文化的重要载体之一。传统武术兼具文、武两种文化成分,其中文化层面受到先秦思想文化及宋明理学的影响最大。

一、先秦时期思想文化的影响

我们传统文化形成于先秦时期,其中,春秋战国这段时期更是将中国文化发展推向一个兴盛期。在此期间武术受到百家争鸣等影响,形成了四个影响传统武术发展的文化特色:①传统武术受到尚武之风的影响,呈现出刚健的文化特色;②中国传统的重道哲学影响着中国传统武术的发展;③重德的文化理念影响着传统武术的发展;④在诸子百家时期,墨子的"非攻善守"、老子在军事方面"以守则固""不敢为主而为客,不敢进寸而退尺"的思想,让传统武术向防卫性文化特色的方向发展。总之,先秦文化极大影响着传统武术各方面的发展,让传统武术这种单一搏杀技术的体育形式得到迅速的发展,并绵延至今。

二、宋明理学的影响

中国传统文化进入第二个发展时期的标志是宋明理学的兴起。该文化理念综合了儒释道三教思想,其中将儒学作为其文化的基础。在当时的历史条件下,社会的方方面面都受其影响,传统武术也毫不例外。明清时期,中国的传统武术文化得到更好的发展,并逐渐走向成熟。同时,武术各方面都受到中国传统文化的影响,其具体体现为以下方面:①传统武术与宋明理学进行融合,体现出"刚柔相济"的特点;②全方位展现传统武术的重道特色;③在传统武术的发展过程中,"德艺双修"文化理念受到宋明理学的影响;④在传统文化中,传统武术的精神追求及主要技术要领是和谐。对传统武术的文化特色进行探讨及分析,从中汲取精华部分,摒弃糟粕,在民族文化及精神的发展大潮中,不仅可以积极推进传统武术的发展,还能更好地完成国家和民族的时代使命。

第二节 传统武术与中国传统哲学文化

一、我国古代哲学的特点

中国哲学是基于对世界本原及历史演变规律的探究,从而形成的具有中国民族文化特色的方法论、认识论、伦理观、历史观及自然观等。我国古代的哲学思想体现在六个方面:①重视生命是我国古代哲学的根本特性,人体文化是中国生命哲学的起源,早在我国的古代社会,人们就通过对自身的认识来了解宇宙,并认为生命的存在构成了宇宙万物,生命在历史发展中得到生存及延续,这是一种朴素的唯物主义;②先秦时期是古代哲学的起源时期,有着十分悠久的历史,相较于同期世界上其他哲学类型,该哲学形态具有较高的水平;③阴阳、体、用、太极、理、神、虚、诚等为哲学独特的传统概念范畴[①];④当遇到问题时,通常从古代哲学中的连续、有机、整体的思维层面看待问题;⑤伦理学与古代传统哲学相辅相成;⑥古代的哲学思维较为直观,它是以经验为基础形成的思维形式。

总之,中国民族文化具有的基础是古代的哲学体系,这极大地推动着中国文化及社会的健康发展。

二、我国传统武术的思想渊源

在我国古代,众多的学说流派、传统思想等共同构成了古代的哲学,下面

---

① 王军伟,王震. 中国武术的文化使命及实现路径[J]. 体育文化导刊,2018(9):112-117.

对传统武术的思想从本体论、认识论及辩证法三个层面进行探讨。

（一）本体论

在中国古代朴素唯物主义者的观念中，道和气代表着世界的本源，其中对生命历程加以解释的是气，而且，气在传统武术中被视为武术生命的精髓，它是武术的养生理论、本根及原力的理论基础，体现在绝技、神韵及功能等外在形态中。通过对传统武术及"天人合一"思想的融合，传统武术呈现出本体论的观点，具体包括：①对人与自然要求和谐统一，这是习武者的性格特征；②各式各样的拳种及拳式都是习武者在不自觉的情况下创造出来的；③协调的动作，这是武术家所追求的；④完美的技术及完善的自我道德，这是那些具有一定名望的武术家所追求的。

（二）认识论

知行观是我国古代哲学在认识论上的基本概念。在对天道及人道的认识及实践中，传统武术强调的是我国古代的知行合一，这种观点作为认识论的基础而存在，传统武术的形成依赖于社会需求，其表达的是"切合实用""直觉体悟"及"学以致用"的武术宗旨，即在武术中对切合实用及基本功练习等知行合一，对学习者提出身体力行的要求，通过直接把握、体验及领悟武术，形成我国的民族传统思维。

（三）辩证法

在传统的辩证思维中，古代多数哲学家通过考察及理解世间万物对立而统一的自然现象，形成辩证思维，这种思维模式深刻影响着中华传统武术，其中太极思想及阴阳学说具有一定的代表性。

1. 阴阳学说

传统武术"顺阴阳而运动"的思想在先秦时已见记载，其中最具特色的是春秋末年"越女"论剑和战国时《庄子》的有关论述。传统武术讲求"顺阴阳而运动"的原则，即不论何种拳术，都要通过"气沉丹田"来维持体内的阴阳平衡。该原则也同样适用于传统武术的实战之中。另外，传统武术还以阴阳互根、阴阳消长、阴阳转化作为传统武术技法的基本原理和传统武术运动的规律来对多种拳技理法进行解释。

2. 太极思想

太极思想是渗透于人类生存方式中的一种思维方式，它是从太极理及象的研究中产生的。其存在的根本法则是认识及解决哲学问题，这对传统武术也产生了一定的影响。在传统武术中体现太极文化思想较为突出的是太极拳。可见，传统武术的思想渊源是古代哲学，这种哲学思想极大地影响了传统技理的发展。

三、我国古代哲学对传统武术的重要影响

传统的武术理论基础是古代哲学思想，古代哲学思想积极影响着传统武术文化的形成及发展。

（一）儒学思想对传统武术的影响

我国古代儒家学派强调"仁爱"，认为"仁"为"爱人之本"。传统武术一直将以"仁爱"为基本伦理思想所派生出的"忠、孝、智、仁、勇、宽、信、敏、惠、温、良、恭、俭、让"等道德标准当作伦理思想的核心。儒家学派历来推崇"君子"文化，它把"君子"的行为、道德规范作为"成人"的标准，希望人们去努力达到。传统武术的发展离不开起向导作用的儒家伦理道德思想，以及所提倡的"文武双全""仁勇兼备"思想。

儒家思想认为：作为君子光有仁爱是不够的，必须同时掌握"六艺"，即"礼、乐、射、御、书、数"，其中"礼""射""御"都和传统武术密切相关。在传统武术中存在着"仁者必有勇"的思想，即追求文武双全、仁勇兼备。这对传统武术从纯武的范畴中脱离出来，积极与中国文化相融合，以及其自身的发展起到了导向的作用。

古代人们对儒侠文化推崇至极。儒侠具有"为国为民，兼济天下"的胸怀，其共性是"胸怀天下，积极入世，为正义甘愿赴汤蹈火，具有大无畏精神"。这种精神关乎江山社稷，面对家国危难，他们以国家民族存亡为重，甘洒热血写春秋，大有"居庙堂之高，则忧其民，处江湖之远，则忧其君"的民族情怀。通常具有儒侠性格特征的人分为两类，即讲究个人忠义的刺客，比如聂政、荆轲、曹沫、豫让、专诸等；另一类则是朱家、郭解等重信义和是非曲直的游侠。前者以忠诚为主，重武力，喜用刀剑完成大侠使命，针对的服务对象较为固定且单一，持有士为知己者死的思想性格；而后者则是重情重义，是一种以理服人的侠士，主张不动声色解决暴力，基本表现为两肋插刀、锄强扶弱等侠义之风。而那些游侠则将生死置之度外，重在对名义的追求，他们懂得报恩。不过，最初的侠义并非具有完善的道德理性，那些侠客们普遍重信义，甚至将义气看的比生命更重要。这种侠客懂得滴水之恩当涌泉相报，不会占别人便宜，只会给别人恩惠。而后世所说的"侠"则被人们赋予了一定的浪漫及理想主义色彩，

他们不仅报答关乎自己特殊关系的人，还乐于扶危济贫。中国人推崇的伦理价值便是"为国为民，侠之大者"。这是对武侠精神的成熟概括，融合了传统武术及儒家的最高价值标准。如今，"侠"已经得到世人的极度推崇，逐渐成为中华民族最为理想的英雄形象。

（二）阴阳辩证对传统武术的影响

1. 阴阳学说和武术

阴阳最初的含义是很十分朴素的，表示阳光的向背。向日为阳，背日为阴，后来引申为气候的寒暖，方位的上下、左右、内外，运动状态的动与静等。动、静之间，刚、柔之变，以及虚实、开合、进退、起伏、攻守、内外、曲直、始终，等等，都是在阴阳互补中产生的。[①]

在自然界中，所有的事物都要遵循的运行法则是阴阳规律，而且在自然界中，所有的现象都具有对立统一的相互作用。阴阳之气的对立统一，构成世界本身，人类和宇宙之间也通过阴阳互动形成一定的关联。面对自然界中出现的彼此对立且相互消长的现象，可以通过阴阳的概念加以解释，此外，对于宇宙中出现的各种事物发生相互变化的发展规律，也可通过阴阳学说进行揭示，像"后发先至""快慢相间""刚柔互补""动静相生"等，皆是建立在阴阳辩证观念的基础上，用来满足传统武术的基本要求。中国传统武术的清晰架构、丰富变化且独特的风采等辩证模式，是由阴阳之道构成的，在冷兵器时代，中国的传统武术以"一阴一阳之谓道"为基本哲理基础，通过遵循"顺阴阳而运动"的原则得到不断发展。

形意拳以阴阳学说为理论基础，以五拳为主，以"捶论"作为拳论的重要内容，这里的阴阳相应观念极为清楚。

太极拳的基础是动之则分、静之则合的阴阳变化。其基本拳理如下：阴不离阳，阳不离阴，阴阳相济，方为懂劲；太极者，无极而生；动静之机，阴阳之母也。

八卦掌以易理析拳理，以走圆转圈为主要形态，走转中步步都要阴阳俱合、内外合一、形神兼备，要充分符合刚柔、前后、虚实、曲直等阴阳离合之要求。

总而言之，在中国传统武术中，虚实、刚柔、快慢、动静等对立统一，且能在一定条件下相互转化的阴阳学哲理，贯穿于各种拳派、拳路和器械套路攻防技击之中。

[①] 高亮，麻晨俊，张道鑫，等. 在场与出场：中国武术阴阳思想探析[J]. 体育学研究，2019，2（2）：23-30.

此外，在我国传统武术中，对拳技理法进行解释并规范时，都会通过强调"阴阳转化、阴阳消长、阴阳互相为根"来解释武术技法的基本原理，其中，"阴与阳互相为根"指的是阴阳互根，通过配合主动肌和对抗肌，从而达到动作协调灵便的效果。比如，长拳配合短打，凸显出刚中有柔，柔中有刚，刚柔并济的劲力。而对于"阴阳消长"，指武术中涉及的每个阴阳对立的动作，都一定会表现出此强彼弱、此弱彼强的态势。习武者在套路演练技法上，需满足阴阳转化要求，遵循"意欲向上，必先寓下；意欲向左，必先右去"的动作路线规律，同时采用从一定状态反向入手的技术方法和训练步骤。在传统武术训练中，需先练静功，然后通过静功提高人体对外界的感觉能力，最后，在意识的支配下发起动作。

2. 太极思想和武术

太极拳在中华传统文化中可谓是独树一帜，它是以太极思想文化作为理论基础的。比照太极图来看，太极拳中动静、刚柔、虚实、开合等对立统一状态，与太极图的阴阳消长、转化规律是一致的；在练习太极推手时，两人双搭手的形态，则恰如平面太极图中的双鱼环绕。太极拳的动作圆活，招招不离弧形，式式都像圆形。练习中双方臂膀组成环状不断变化，你进我退，粘连黏随，正符合彼阴吾阳、相互消长、交替变化的道理。

（三）五行思想对传统武术的影响

由于金、木、水、火、土是我国古代人民在长期的生活和生产实践中必不可少的物质，由此它们被认为可通过运动变化生成世间一切事物。古代朴素的唯物主义哲学家认为这五种物质存在着相生相克的关系，且在不断地相生相克的运动中维持着动态的平衡。五行相生的次序：木生火、火生土、土生金、金生水、水生木，周而复始，生生不已。五行相克的次序：木克土、土克水、水克火、火克金、金克木，亦是循环往复。

在以五行学说为理论基础的传统武术中，五行拳最具代表性。武术家根据五行思想创编出了五行拳的基本拳式，即劈、崩、钻、炮、横。在之后的发展过程中，武术家将五行拳同中医脏象学说中的心、肝、脾、肺、肾以及目、耳、鼻、舌、人中进行相互匹配，从而形成了形意五行拳内与五脏相合、外与五官相配的独具特色的拳派理论，即"劈拳属肺、崩拳属肝、钻拳属肾、炮拳属心、横拳属脾"。由于这种理论在后来又以五行拳分主各脏象为基础衍生出了"劈拳养肺、崩拳舒肝、钻拳养肾、炮拳强心、横拳利脾"的说法，因此人们常认为如长期坚持修炼五行拳，会使自身阴阳平衡、身体健康。具体地说，五行与五拳、五脏、五官相配的顺序是：金在身为肺，在拳为劈拳，在五官为鼻（鼻为肺之窍）；木在身为肝，在拳为崩拳，在五官为目（目为肝之窍）；水在身为肾，在拳为钻拳，在五官为耳（耳为肾之窍）；火在身为心，在拳为炮拳，在五官为舌（舌为心之窍）；土在身为脾，在拳为横拳，在五官为人中（人中通脾）。五行拳也存在相克的关系，按照五行相克的理论，可推论出劈拳能克崩拳，崩拳能克横拳，横拳能克钻拳，钻拳能克炮拳，炮拳能克劈拳。按照这一顺序串联五拳进行演练的套路就是"相克拳"，也叫"五行炮"。

（四）八卦理论对传统武术的影响

八卦学说是一门庞大的科学思想体系，八卦生化是古人解释宇宙万物的一种方法。我国古人用八卦理论中的乾、坤、震、巽、坎、离、艮、兑来象征天、地、雷、风、水、火、山、泽八种自然现象，并以此为基础推测自然和社会变化，揭示宇宙和生命的规律以及阴阳消长变化的细微过程。八种卦象同八种自然现象八八相叠，产生的六十四卦使万物生化过程更为全面。我国古人早在五千多年前，就通过长期探索，认识到宇宙是万物一体的大系统。八卦基本理论认为大自然有着极强的规律性，且其各个局部相互关联，太极衍生八卦，即无极生太极、太极生两仪、两仪生四象、四象生八卦。古人就是根据这种理论逐步建立起来了一种朴素的唯物论和辩证法。八卦理论要求在推测事物的发展和走向的时候，需在肯定宇宙间万事万物运动永恒、相互关联的基础上，把发展理解为各种矛盾趋向和谐与不断往复的过程。

八卦理论与我国传统武术的紧密联系主要体现在八卦掌中。八卦掌原名"转掌"，由于该拳法以沿圆绕走作为主要的运动方式，所绕圆圈经过八卦的八个方位，又以八卦卦象对应人体各个部位，于是被称为八卦掌。八卦掌以八卦卦象比喻人体躯肢：头比乾，乾卦属天，高耸正直，睥睨万物；膝脚比坤，坤卦属地，无所不载，触动即应；胸比离，离卦属火，虚而有容，出入自如；腹比坎，坎卦属水，丹田坚实，气沉而固；项背比艮，艮卦属山，含胸能空，背覆能实，屈伸自如，开合紧凑；臀比震，震卦属雷，下实上虚，收敛坚沉；手比巽，巽卦属风，顺逆起伏，应变灵活；肩比兑，兑卦属泽，垂肩坠肘，刚柔从容。八卦掌步法、掌法、身法的实施，体现了八卦相荡、奇正相生、阴阳转化等规律，转掌始由乾位，达于坤位变，在其走圆旋转中，始终脚踏八卦，环顾八方，左右互换，阴阳相易。

八卦掌还较为全面地采用"易理"作为拳技的理论依据。"易理"将"变易"作为主要思想，即认为天地及万象万物都处在不停的运动变化中。八卦掌效法这种变易思想，将攻防拳式同沿圆绕走结合起来，使走转招式如周而复始、没有中断的天体运行一般。"以动为本，以变为法"是八卦掌的技法总则，在对敌时，常通过不停地走转来避实寻虚，讲究以动制不动，以快动制慢动。"易理"还包含"不易"的思想，该思想认为天地间万物的循环变化都有着一定的规律，即"动静有常"。八卦掌按照这种不易思想，形成了八卦取象、取身不易、运动技法原理不易的定则。例如，"胸空腹实"等身型要领、"拧旋走转"等运动技法，都是习练八卦掌者必须遵守的不易法则。

中国传统武术理论中，除了包括八卦思想，还渗透了五行思想、阴阳理论、儒家思想等，其中，八卦思想在我国古代哲学中的地位相当重要，推动了中国传统武术的发展。

第三节 传统武术与东方古典美学文化

一、我国古典美学的特征

美学是一门学科，主要研究人与现实审美之间的关系，并通过对审美对象和意识的研究来认识美。不同的美有不同的本质，也有不同的根源和形态；审美意识和对象的本质特征以及它们之间的联系是通过审美关系表现出来的。我国的传统美学蕴藏着深厚的文化，彰显了中华民族对于生命的意识，具有绵延不绝的生命力。[①]

在古代，美的本质是通过"道""气""妙"三者之间的关系与内涵反映出来的。中国古代美学思想不同于西方美学思想，中国更重视人的精神与宇宙。例如"比德说"，将自然从各种角度进行联想，赋予其人的特性，对其进行道德化、人格化，同时将人自然化，以此来寻求人与自然之间相似的地方。中国古代哲学思想认为：自然是美的本质，自然就是美。"自然"即古代哲学中的"道"，符合万事万物的规律而存在。这种"合乎自然规律的为美，相反则为丑"的审美标准既适用于天地万物，也同样适用于人类社会。

阴阳二气交感生成人与天地万物，世间万事万物的生息与转变看似无目的，实际上却又合目的，而美则蕴藏在生命里，生命则为美。处于这种生命状态中，美的理想境界为"和"，生命的发展比较顺畅。所谓以"和"为美，是中国古代美学的重要思想。中国古代美学的主要文化特征包括以下几点。

[①] 王志华，向勇. 新时代中国传统武术发展研究 [J]. 体育文化导刊，2018（11）：10-14.

（1）中和之美

"中和之美"代表了中国独特的审美思维与方式。平和、中正原本是指"中和"思想，后来又被定义为道德修养原则。自古对审美标准有不同定义，在儒家思想中最为高级的审美标准是"中和"。如果人具有"中和"的道德修养，那么万事万物都可完美、顺遂地发展下去。

（2）协调之美

中国美学自古以来都强调"协调之美"。不管是中国古代儒家的"中庸"，还是道家的"无为"，都有关于"协调"的解说，它们共同演变为和谐一致。儒家思想认为社会美就是"人和"，道家认为自然美就是"天和"，佛家认为心灵美就是"心和"。因此，顺畅、协调、和谐是所有美好事物共有的特点。[①]

（3）和善之美

艺术形式与道德内容的和谐统一，即为"和善之美"。和谐是形式，仁善是内容，"和善"是指两者的和谐统一。"和"的意思是达到协调状态，是外在美；"善"的意思是仁德，是内在美。在中国传统的儒家思想里，传统美学的至高境界是达到"尽善尽美，至善至美"。

（4）和合之美

和、合二字，最早可以追溯到我国古代的先秦时期，"和合文化"就存在于这个时期。祥瑞、和谐、平和是"和"的含义；结合、融合、合作是"合"的含义。审美主体站在整体的角度来观察审美客体，是"和合之美"审美观在传统美学思想意义中的表现。真正的美是站在整体角度观察客体体现出来的和谐之美。客体既要与外部保持和谐，比如社会环境、大自然，还要保持内部诸要素之间的和谐、统一关系，这两者都包含在"和合之美"的审美观内。如果设计师在艺术设计中运用"和合之美"的美学思维，那么必须考虑整体的设计效果，特别要注意设计作品与其周围环境以及产品内部诸要素的和谐统一关系。

二、传统武术中古典美的体现

我国传统武术之美融合了艺术与健身之美，并将美与力高度结合在一起。下面从五个方面对武术的美进行阐释。

（1）技击之美

中国传统武术种类繁多，动作丰富多变。当人们为了掌握格斗、预防攻击练习武术或者为了达到一些目的，使精神获得愉悦感时，审美萌芽开始出现。

---

① 方云峰，郭丰平. 中国武术的价值追求及其现代意义[J]. 东南大学学报（哲学社会科学版），2015，17（6）：140-145.

在武术的漫长的历史发展过程中，传统武术家提炼武术格斗的技艺，并将其加工，再次形成一定的套路招式，并使其逐渐变得稳定。套路招式不仅具有"技击"性，而且形式灵活，符合人们的生命发展形态。传统武术技击中蕴含着丰富的内涵，如中华民族的智慧、英勇、力量、勇猛和灵巧都蕴含其中，人们往往被这些特质所吸引，从而形成一种特殊的审美观。

（2）练"气"之美

传统武术的各大门派将武术的根源归结为"气"，练"气"的重要性就不言而喻。对于怎样练"气"以及为什么会存在"气"，各大武术门派并没有一个统一的说辞，但是都把"气"看得十分重要，并将之视为是练习武术的基础条件。因此，"气"在武术修炼中是必备的过程。美的根源就是"气"，美的存在要依赖"气"。传统武术认为，美是生命符合万事万物的发展规律，要与周围环境和谐统一；美是生命力的充实和刚健。传统武术家们通过练习"气"，使元气充足、精力旺盛、动作敏捷，显示出刚健的生命力，这本身就是对生命的尊重和肯定，同时也体现了美的状态。

练"气"是练习传统武术的基本条件，同时也体现了对人们生机的重视。练"气"既可以帮助人修炼创造力和生命力，还能修炼人的元气。

（3）形神之美

形神聚合、内外合一是传统武术强调的重点。例如形意拳的内外三合；南拳中外练"手、眼、身、腰、马"，内练"心、神、气、旭"；长拳中的八法，即"眼、手、身法、精神、步、力、气、功"。不管传统武术的哪一门派，对形神聚合都有一个相似点，即在运动中既要外部与内部达成和谐统一，又要内外运动充分结合生命自由。另外，传统武术家们认为精神世界就是"神"，包含高尚的道德情操和独特的个性。形的灵魂和内涵是"神"，武术的独特韵味必须有"神"的存在。人们可将传统武术的形式与生命运动的特征联系到一起，以获得审美与精神的愉悦。

（4）意境之美

"意境"属于传统美学范畴，是一种艺术境界，是文艺作品中的图景和感情表达融合为一体的结果。从传统武术的角度来看，可理解为思想感情与套路的有机融合。"情""技"交融，"情""境"交融，"神""形"交融是套路形成的基本要求。演练者、编创者在规定的审美与价值取向上，对原来的技击动作进行提炼、概括、加工，并加入自己的思想感情。比如，演练套路时，传统武术家要想拥有宏大的气势，必须将自己设置在一个特殊的格斗场景中，只有这样才会达到理想的效果。

武术动作的招式都有自己的名字，这也体现了武术的意境美。例如，"大鹏展翅"将传统艺术家气吞山河的气魄充分地体现出来，给人一种英雄味十足的画面感；"猕猴攀枝"有一种轻巧灵动之感；"金鸡独立"将潇洒、悠闲的情态完美展现，给人留下造型美的深刻印象。这些命名不仅体现出武术的神韵和意境，也能让观赏者感受武术文化的神秘。

总之，传统武术的意境美彰显了其独特的风格与创造力。

（5）节奏之美

节奏体现了生命运动的特征，美与生命运动之间具有深刻的联系。

受到阴阳二气运化的影响，快慢、动静、轻重、起落、刚柔等的对立与转换给传统武术带来非常鲜明的节奏感。

三、我国古代美学对传统武术的重要影响

中华民族拥有几千年的灿烂文化，中华儿女从小就受到传统审美思想的熏陶和体验。"传神"是中国传统美学追求的高境界，取韵或者写神把"形"作为物质基础，从而达到形神结合的完美统一高度。从传统武术的发展历史可以看出，传统武术不断地吸收中华文化的精华和传统美学的神韵，赋予武术丰富的内涵并逐渐将其发展成一种独特的艺术。另外，作为传统的民族体育活动，武术不是孤立的，而是融合了艺术精华的体育，其艺术魅力自然很高。

武术运动具有自身的理论体系，传统武术的表现形式和审美特点是其理论中的重要方面。不同种类的美的要素相互综合作用，展现出美。虽然传统武术的审美价值比较独特，但美学的特点不是孤立存在的。武术美是一种特殊的美学，中华民族优秀传统文化是其基础，发展过程中它又融合了修养美与运动美，形成新的表现形式。

整体美、局部美是传统武术运动的美的综合表现，也是运动方式和民族文化的美的统一。从美学的表现形式来看，传统武术具有内在美和外在美两种美学形式。这种独特的美学形式，既体现出中华民族悠久的审美特征，又体现出中华民族过去文化与现在文化之间的深刻联系。

传统武术具有很大的实用价值，即自卫和健身，同时又有丰富的表现形式，既能让人有享受美的愉悦，又能激发与美相关的情感需求。这些因素在某种程度上支撑着我国传统武术流传至今。我国传统武术，蕴含着丰富的民族文化、民族精神，具有独特的民族气质。

第四节 传统武术与中国传统艺术文化

杂技、舞蹈、戏曲等"动"的艺术和书法、绘画、文学等"静"的艺术是我国古代传统艺术的两大重要组成部分。可以说,传统武术与传统艺术有着亲如手足的"血缘"和互相滋养的关系,它们共同在历史的长河中发展传承、丰富壮大。

一、传统武术和杂技艺术

(一)传统杂技艺术的基本特征

杂技是一种有悠久历史的表演艺术,它要求表演者要掌握多种表演技巧并能够运用长竿、独轮车、球、绷床及吊架等辅助表演的器械。作为世界杂技大国之一,我国的杂技文化历史悠久。目前我国传统杂技的主要特点包括以下几点:

①表演形式上采用工艺和形体相结合的方式;
②道具选用上更加贴近生活;
③是一种行为表达;
④软硬结合,团队合作;
⑤惊险挑战并存。

(二)传统武术和杂技艺术的关系

从我国的历史中可以看出,杂技是从人类与自然的搏斗中演变而来的,是武术的一种分支,武术是人类从战争中演变而来的自卫术,主要功能在于战场杀敌、强身健体。杂技表演很多是一种文化表演,它以武术、歌舞、文曲为载体,通过与工具相配合进行表演,因此杂技与我国传统武术有着深远的关系,两者之间又存在互补的关系,武术可以为杂技提供形体表演思路和身体强度训练方法,同时杂技又可以为武术提供一种存活方式,在和平年代武术的作用不大,此时杂技就可以以武术的形式表达出来,这对中国传统武术的传承起到了很大的作用。

武术与杂技有着共通的训练原则。我国古代杂技项目可分七个方面:形体技艺、力技、投掷技、幻术、动物戏、乔装动物戏、滑稽戏。这七大项中多数项目都可转化为传统武术的训练内容。在杂技训练的过程中,有时练习者也会采用许多传统武术的训练方法,如"内练一口气,外练筋骨皮"等。中国武术的硬功和柔术常常被杂技发展成为独具特色的表演节目,至今仍活跃在舞台上。

二、传统武术和舞蹈艺术

（一）传统舞蹈与武术的同源性

舞蹈与传统武术也存在着关系，在我国传统文化中舞蹈和武术不可分开，舞蹈源于武术的启蒙，只是二者的功能定位不同罢了。

武术练习是展示动作的一套方法，在日常使用中武术还可以与工具配合表演，比如我国的十八般兵器，也是受舞蹈发展的影响，并通过武术的操练动作得以表现出来的。在和平时期武术是用来强身健体的，也会存在着一些行为上的表演，比如街头卖艺等，这也帮助人民逐渐地认识武术。随着人民的生活水平提高，这种艺术表现在歌舞表演上。古代的宴会上都会有一些女子表演舞蹈，她们的动作是由人们根据日常生活的需要，一步一步改进而来的，比如古代形同舞蹈的词语——翩翩起舞。

（二）传统武术和舞蹈艺术的关系

随着人民生活的转变，舞蹈逐渐转变为表演艺术，比如国外的芭蕾舞。如今，世界上也在举办各种赛事，其中，传统武术也随着时代的变化而变化，由古代的搏击术转变为现代的健身运动。此外，因为古代武术的定位是战场杀敌，因此武术就逐渐和舞蹈分离开来，但是舞蹈的动作和武术的动作依然具有相连性。

当然，舞蹈也同样深深影响着武术的内容和形式。例如，我国汉代流行的由实战剑术演化而来的具有艺术美的"剑舞"，其本身来自民间传统武术；唐朝的"黄獐""达摩支"等舞蹈在表演形式上也都受到了武术的影响；元明清时期的古典舞蹈更是大胆地引用了扑步、飞脚、旋子、射雁等武术动作，且至今仍广泛应用于舞台表演；又如现代民间的狮子舞，舞狮者在做跳跃等动作的时候，都必须通过相互之间配合的弓步、马步、交叉步变换、手法变化，以及摸、爬、滚、打，才把狮子舞舞得惟妙惟肖。有一种狮子舞表演叫"采青"，有些地方会直接将这种表演作为比武的间接手段。

武术的动作起源于战场上的搏斗，但随着时代的改变已经逐渐转变为一种表演行为，现代的武术比赛以表演为主，并通过武术表演可以将人的精气神表达出来，因为是一种表演，所以武术也混合了舞蹈的特点，比如站如松、坐如钟，这些无疑掺杂了舞蹈的成分。最具代表性的如我国的剑术，它的表演如行云流水一般，这也是从舞蹈中选取过来的。这些武术表演大大地提高了人民的欣赏水平。

社会的发展不断改进武术的表演形式，舞蹈因素的加入让传统武术逐渐进入人们的视角，而且这些动作极具健身价值，同时又有高超的表演水准，例如现在大学中所学习的武术操，就是体育与健身的结合物。

三、传统武术和戏曲艺术

我国的传统戏曲主要表现形式是歌唱、武打，这也和传统武术的原理相通。

戏曲起源于我国的周朝，发展于秦汉时期，秦汉时期比较著名的百家戏曲是我国戏曲成型的代表，百家戏曲又叫散乐，是舞蹈、杂技、武术、戏曲的总合。这也说明在这个时期人们的生活水平质量很高，可以通过武术演变出人们用来欣赏娱乐的节目。

戏曲中的武打是戏曲的主要表演形式，这也是由武术的动作演变而来的，各门各派的武术动作都为戏曲中的武打动作做了参考，同时武术也对舞蹈的发展产生了深远的影响，戏曲中的武打动作也是人们欣赏的一部分，动作的多样性也是吸引人们观赏戏曲的因素之一。

戏曲在我国文化历史的进程中占有一席之地，京剧是我国的国粹艺术，也是我们文化软实力的重要体现，我国传统武术的发展，在一定程度上也受戏曲的影响，人们通过对戏曲武打部分的观赏，可以间接地了解武术，从而增加武术在人们心目中的地位。戏曲源于武术，武术需要戏曲的传递，因此两者具有很强的粘连性。

四、传统武术和书法、绘画艺术

中华传统武术博大精深，即使是在书法、绘画等静态艺术中，也能够清晰地看到传统武术的身影。

（一）传统武术和书法艺术

书法起源于中国，是我国文字艺术的载体，如今，我国古人的字迹是我国的物质文化遗产，也是我国传统文化的一部分。古人通过文字的书写，表达出字迹的情感和意境。古代文字的构造和武术的动作有相似之处，好的书法能够体现出艺术的美感，文字的刚强、柔美与武术的发力、收力极为相似，书法和传统武术有以下相似之处。

①书法的工具是毛笔，毛笔的书写需要手指和手腕相配合，文字的"刚"体现出书写者的刚强有力，文字的书写也需要按照一定顺序完成，这和武术的动作一样，需要有始有终。

②文字的书写需要书写者一气呵成，有放有缩，这个与武术动作中的出拳

和收拳一致。书写者需要在心里有熟练的写法，武术同样需要熟悉动作，这样才能熟能生巧。

③书法是一种变现形式，可以变现出一个人的思维和精神状态。武术的表演也可以表达出人的精神状态。

④书法讲究刚柔并进，武术也是如此。

写字的速度和字体的构造都是文字的表达形式。我国的文字有多种结构，比如宋体，楷体等，这就和我国传统武术的各门各派一样。书法也是一门艺术，在我国传统文化里书法和传统武术同样重要。

练习书法具有调气、调心、调身的功效，有益于身心健康。例如，在练习书法时一般要遵循屏气、落笔、吐气、力透纸背的步骤，书写者在这个过程中要随笔势而呼吸，跟着意境而律动，这同"太极拳"的呼吸悠长、行随意走的境界是相同的。练书法一般都要站立、悬腕进行，通过协调腰、肩、肘、腕，有利于舒展关节、调节气血，这与气功中的站桩有异曲同工之妙。传统武术融健身、养身、技击、表演为一体，"外"能舒展关节、强身健体，"内"能调理脏腑、疏通经络。它的形式、内容及方法也都体现着美学、哲学、兵法等丰富的传统文化，在这一点上是与书法艺术相同的。

（二）传统武术和绘画艺术

武术是一门表演艺术，绘画的艺术来源于生活，因此我国有很多绘画来源于武术。比如，人们过年时会在门上贴门神，而门神也是武术的代表，代表着武术的精神，有着侠肝义胆的气概。又如，一些墙边上画着一些武术的动作图，因此武术和绘画具有一定的关系。天津杨柳青年画中的《张辽威镇逍遥津》，骑将纵马舞刀挺枪，表现出武打的雄姿；《万花楼》则形象生动地展示出了飞檐走壁这种民间传说的武功；在清代乾隆年间绘制的西双版纳勐海的武术壁画中，通过对两位斗矛和两位对刀的武士形象进行描绘，反映了传统武术活动在古代少数民族中的蓬勃发展。

传统的绘画艺术是人的意境和情感的表达，武术与绘画的结合也能表现出人的思想，它们在意境上保持着相通的关系，比如我国古代的一些画家，在勾画一位人物时，灵感常常取自武术，他们通过观看武术的表演感受一个人的精气神，从而创作出完美的画卷。

五、传统武术和文学艺术

武术的文字记载多体现在武侠类的小说里，这是中国文学写作的方向之一，比如金庸是我国武术小说的代表作家，其写作风格多以武侠为载体，叙述着他们的传奇故事。

传统武术在我国文学发展的过程中起到了极其重要的作用。春秋战国时诸侯割据，连年的战事既为武技的发展提供了条件，也为文学创作提供了素材。例如，《战国策》中所写的人物极为复杂，其中最为动人的当属侠者形象。鲁仲连舍身游说赵魏共拒强秦的故事、布衣之怒的故事、荆轲刺秦的故事等，这些故事让人民心潮澎湃，为后来的文学创作打下基础。在一些历史文献中，都有描写这些古人侠肝义胆的片段，并记载着很多著名战争事件，如《左传》中的宣公十二年晋楚之战、成公十六年晋楚鄢陵之战等篇章，从简短的文章中即可感受到当时的战斗情境，这开辟了大兵团作战和马上武打的先河，为《三国演义》《水浒传》等作品中的许多大场面的描写提供了很好的借鉴。

到西汉时期，人民开始以历史为基础，书写游侠个人的传记，通过描写人物表达出自己对武侠的构想，弘扬着我国的民族精神，从此以武侠为主线的大批作品涌现出来。

东汉以后，正史不再为游侠立传。但在建安时代，出现了许多以游侠为主要内容的乐府古诗，如《白马篇》《结客少年场行》《博陵王宫侠曲》《秦女休行》等。魏晋南北朝时期，作者常以侠士为模板，把自己的思想情感寄托在武侠的构思上，创作出相对应的诗词，人们在阅读的时候可以感受到武侠给人民带来精神内涵。这个时期，作为我国武侠小说的起源人物，任侠的故事多以纪实类为主，故事内容较短，但表现极为丰富，通过鲜明的人物性格将故事表达出来。

在唐代，我国的小说进入鼎盛发展时期。在这段时期，武侠小说在我国传统武术文化的熏陶下不断发展，当时的文学家多以其亲身经历为基础，勾画民间的武侠形象。

到宋朝，武侠在题材上并没有什么改变，但表现形式上有了很大的改变。比如，在文学史上比较著名的小说话本就诞生于宋朝，小说话本多以白话形式表现，这对于我国后来的武侠小说有着巨大的影响。到元代，话本小说已经发展相对成熟，武侠文学是其核心思想。

至明清时期，武侠小说同传统武术一样，取得了丰硕的成果。这一时期的武侠小说多是以话本和章回体形式出现的。一般而言，文言小说对于打斗场面多点到而止，而在话本小说和章回小说之中却描写有大量精确生动的打斗场面。例如，在《三侠五义》《小五义》《彭公案》这类作品中，随处可见的丰富多彩的打斗场面构成了全书描写的核心；在《水浒传》等公案侠义小说中，则对蒙汗药、暗器、迷阵等进行了详细的描写。这一时期小说描写的重点不是行侠的结果，而是更注重除恶扬善的过程。侠客的存在价值和侠义小说的审美价值由此得以进一步增强。

因此，传统武术是我国传统文化的根基，很多文化分支都受到传统武术的深远影响，这是我国传统文化的核心，也是中华民族的代表，因此我国应该大力弘扬武术精神，要深入研究传统文化的精神文明，并将其不断地发展下去。

第五节 我国不同地域传统武术文化研究

一、地域武术文化阐释

（一）地理环境与地域武术文化

1. 地理环境对武术的影响

我国地域跨度较大，具有多样化的气候特点，形成了多样化的地理环境，这些地理环境对于武术产生了相应的影响。

（1）地理形态对武术的影响

地理形态对于武术流派的形成具有很大的影响。我国北方多平原，冬季气候寒冷，武术技法以腿法见长；南方多山水，生活区域狭小，则武术以拳法见长，且技法细腻。

我国地域辽阔，古时交通不便，山脉阻隔，从而不同地域所产生的武术流派的交流与融合相对较为困难，并且古时各门派相对较为保守，不外传功法。这就使得我国传统武术在相对独立的环境中发展，形成了不同的武术流派风格。

（2）气候对武术的影响

气候也对社会文化具有重要的影响。北方气候寒冷，受草原游牧文化影响，人们粗犷豪放，自然就产生了摔跤、散打这种独具民族特色和地域特色的武术形式。南方的气候条件相对较好，从而形成了情感丰富、心思缜密的性格。其武术功法也表现为手法灵活、拳势劲悍的特点。

2. 地域文化对武术的影响

地域文化是特定区域的人们在特定历史阶段创造的具有鲜明地域特色的文化。不同的资源环境特点，形成了不同的民族文化特性。武术来源于人们的生活，受到自然文化方面的影响。同时，传统武术也是地域文化的一个重要方面。

地理环境在一定程度上影响了人们的生产生活方式，人们会针对不同的地理环境发挥自身的聪明才智来利用、开发自然，从而表现出不同的文化特征。

我国长期以来以男耕女织的自给自足的复合型经济为主，人们从事农业生产，追求稳定与安宁，从而对于人与自然的关系有着较深的理解。"天人合一"的思想也是在这一环境下产生的。传统武术追求人与自然的和谐，这充分显示了我国传统体育的个性特征。

当然，传统体育文化不仅受地理环境、区域文化的影响，还受到区域的政治、经济等方面的影响。在地区的各种因素的综合影响下，区域传统武术文化不断发生适应性变化，表现出多样化的地域风格。

（二）传统武术文化的地域性特征

地域文化在区域地理的基础上发展而来，其带有历史的痕迹，文化底蕴深远。近年来，随着我国对于武术文化的整理和研究的不断深入，很多学者开始对武术的地域性进行研究，武术与地域文化之间的关系逐渐被揭示。

我国地域文化的不同是传统武术文化多样性存在的基础，这也使得我国武术派系丰富多样。不同地域的武术具有鲜明的地域特点，因此很多学者根据地域将传统武术分为不同的门派，从而有了北派武术和南派武术之分。在北方特有的地理环境影响下，北方人的体质相对强壮，因此，北方拳种以刚为主，主搏于人的拳术较多；相比之下，南方人短小精悍，情感丰富，拳法细腻且复杂。

我国传统武术与传统文化之间具有密切的联系，与我国的哲学、医学、兵法、艺术等相互影响、相互融合。在对其进行研究时，如果仅从一方面来对其进行解读，显然会带有一定的局限性，是片面的。很多学者从地域文化学的观点出发，注重从多个角度来对传统武术进行综合分析，这就打破了以往相对封闭的学术研究，能够更好地掌握武术的内涵和发展流变，具有重要的意义。

二、黄河流域北派武术文化

我国黄河流域北派武术代表流派主要有少林武术、太极拳、戳脚、八卦掌、形意拳、通背拳等，此处重点分析少林武术和太极拳。

（一）少林武术

1. 少林武术概述

少林武术是中原武术中范围最广、历史最长、拳种最多的武术门派，以出于嵩山少林寺而得名。

（1）少林武术的起源与发展

第一，少林武术的起源。少林寺建立于北魏时期，当时天竺僧人跋陀来到我国，孝文帝在嵩山建寺供养跋陀，也即少林寺。少林寺僧人在修禅、健身和自卫的过程中逐渐创立了少林武术，经过僧人的不断习练和完善，而逐渐发展成了独立的武术流派。

第二，少林武术的发展。在北魏时期，少林寺是皇家寺院，得到了朝廷的丰厚赏赐，田产丰厚。为了保护这些财产，僧人开始习武。在隋唐时期，少林寺方丈组建了僧人队伍，成员为身强力壮、善用兵器的僧人，主要职责是保护寺院的安全。其后，僧人开始不断参与政治活动，少林寺就开始养一些僧兵，发展到后来就是武僧。在这之后，有组织、有纪律的僧兵训练开始出现，并在历史上有显赫的武功。相关的史料记载着"十三棍僧助唐王"，少林寺和少林武术声名远播。

宋太祖赵匡胤和抗金名将岳飞等人都学过真正的少林武术。赵匡胤习练拳术，创立太祖长拳，对后世拳术产生了重要的影响。《少林拳术精义》记载，少林僧人向岳飞传授武术。明朝时，习武在民间开始盛行，武术在这一时期得到了快速的发展。僧人多次参加战争，并且立下战功。少林武术在武术领域占有重要的地位。清朝初年，民间禁止习武，少林寺僧众则多在夜间秘密习武。辛亥革命前后，少林武功得到了进一步发展，很多爱国人士学习少林武术。中华人民共和国成立之后，我国尤为注重武术的发展。一些省市创办了武术学会和武术训练班，有效促进了武术的发展。我国对各种武术项目进行了挖掘和整理，少林武术开始走向世界。

少林武术博采众长，将不同流派的武术精华容纳其中，从而形成了博大精深的少林武术文化。具体而言，少林武术融入步战、马战、气功、轻功、徒手、器械等，在世界范围内具有广泛的影响力。

（2）少林武术的门派

少林武术内容极为丰富，在一千多年的发展中，逐渐分为北派少林拳和南派少林拳。少林支派众多，有"三大家""四大门"之说。"三大家"即为红家少林、孔家少林、俞家少林。"四大门"包括大圣门、罗汉门、二郎门、韦驮门。

（3）少林武术的内容

少林武术内容丰富，套路较多，可将其分为武功和器械两方面。武功包括内功、外功、气功、轻功等方面，具体如下。

第一，内功。内功是少林功法的重要内容，少林功法的内功基础姿势为站裆，在练习时腰腿部位出力，有效锻炼上下肢力量。少林功法的内功主要由三种裆势（站裆、马裆、弓箭）和四种动作（前推八匹马势、风摆荷叶势、倒拉九头牛势、霸王举鼎势）组成。在练习过程中，通过持续进行高强度的等长肌收缩来达到习练的目的。

第二，外功。少林武功多为外功，其多指锻炼身体某一局部的猛力。外功的主要拳法包括如下几种。①七星拳。七星拳是少林拳法中流传最广的拳法，其参照北斗七星定位，打斗时如猛虎下山。每一招每一式都有其内在的根据，拳法中配以相应的步法，动作大开大合，先声夺人，注重拳法的敏捷迅速。②少林五拳。少林五拳根据飞禽走兽的动作特点而创（龙、虎、豹、蛇、鹤），最初源于泉州武术。这一拳法阳刚与阴柔兼备，时而清闲，时而凶猛，时而矫健，时而蜿蜒，融柔美与阳刚为一体。③少林花拳。花拳是一种少林古拳，属于少林柔拳，这一拳法出手准确、敏捷，在无形中孕有形。④少林罗汉拳。罗汉拳充满阳刚之气，硬桥硬马，给人以孔武有力的感觉，整套拳流畅、灵活。罗汉拳拳法着重于进退快速，加上冲、圈、挂、踢、弹、勾、劈等，手法灵活，能够阻碍对手的进攻，快速展开反攻，令对手猝不及防。⑤少林龙尊拳。少林龙尊拳没有花拳绣腿，刚硬稳健，具有较强的使用价值，在实战中经常采用。龙尊拳共有17套拳法，在进行习练时，要求"吞吐浮沉，身技腰马，门户眼节，动静神气"。⑥少林童子功。童子功是自幼开始习练的功法，外表看似柔弱，但是内部功力较强，动作迅速，犹如龙虎。其功法包括童子拜佛、罗汉睡觉、燕式平衡等。

第三，轻功。轻功是历代武僧研习的功法，为传统的轻身术法。少林轻功专练纵跳和超距，其在武术技击散打擒拿中起着非常重要的作用。掌握了轻功，能够灵活对敌，提升攀爬、跑、跳等方面的能力。

第四，气功。气功是我国传统武术的重要内容。在少林武术中，气功也是重要的武术类别。其包括练气和养气两方面。少林气功主要包括：①易筋经。易筋经是我国的传统养生气功。所谓"易"是变通、改换、脱换的意思；"筋"指筋骨、筋膜；"经"则带有指南、法典之意。"易筋经"即改变筋骨的方法。②少林硬气功。硬气功具有强壮筋骨、防身制敌的功效，是我国人民在生产实践中产生的。少林硬气功在习练时要有良好的少林内功基础，并且还要掌握相应的硬功技艺，其以实战技击为主旨。

2.少林武术文化特征

少林武术是北派武术的代表，其功法朴实无华、刚劲有力，利于进行实战。少林武术文化的特点主要表现在以下几方面。

（1）禅武合一

少林武术源于少林寺，深受禅宗哲学思想的影响。唐宋以来，少林功夫的主流思想逐渐被"禅武合一"所代替。禅是静，武是动，两者呈现的是一种截然相反的状态，实现合一主要将禅心应用于武术习练，将武术的内涵进一步丰富和发展，原本的攻击行为逐渐被"大慈大悲""积德行善"等所代替，这对少林武术的发展产生了重要的影响。

"禅武合一"的练功方法是少林僧众在坐禅修炼中创造出来的。对于少林僧人来说，修禅即修行，而武术是一种练功方法。通过动静之间的结合，来促进自身修为的提升。理解拳理、武功高强的人，往往能够更好地理解禅理。少林武术的"禅武合一"的哲学对于我国传统武术具有深刻的影响，我国的传统文化也在少林武术中得到了很好的展示。

（2）朴实无华

朴实无华是少林武术的重要特征之一。少林武术在形成和发展过程中，其主要的作用反映在防身、护寺、健身等方面。少林寺各种武术都是在实用的基础上发展而来的，各种套路始终注重实战的要求。

（3）短小精悍

少林拳术是少林武术的重要内容，其拳术具有短小精悍的特点。其套路相对较短，一般都少于36组动作，并且动作之间的组合十分紧凑。整个套路动作可在短时间内完成，有利于全神贯注地完成动作。

（4）出疾收快、招式多变

少林武术的出手时间较快，对收势时的速度也有较高的要求，并且招式多变，可以根据实战的需要进行变化。

（5）刚健有力、刚柔相济

少林武术作为传统武术的代表，其具有刚健有力、刚柔并济的特点。在习练过程中，少林武术的劲力以刚为主，出招迅猛，能够给予对方以重击。同时，少林武术注重刚柔相济，或先刚后柔，或先柔后刚，使得对方难以摸清虚实。

（二）太极拳

1. 太极拳概述

（1）太极拳的起源

关于太极拳的起源，学术界至今仍无定论。太极拳的起源学说，主要与唐、宋、元、明、清几个朝代有关。关于其起源，具有如下几种说法。

第一，唐代许宝平或明初陈卜起源说。一些学者认为，唐代的许宝平或明代初期的陈卜是太极拳的主要发明者。可从宋氏手抄拳谱与陈氏家谱中找到相应的证据，其真实性有待进一步考证。

第二，张三丰起源说。这一说法认为，太极拳是由元明时期武当山道士张三丰创立的。张三丰被认为是武当派的创始人，振兴了武当山道教。学者们认为张三丰对阴阳太极有着较深的研究，其融合传统武术而创立太极拳。张三丰真有其人，但是张三丰与太极拳的关系并没有相关的史料证明。

第三，陈王廷和蒋发起源说。太极拳起源最为可信的说法是陈王廷和蒋发起源说。明末清初太极拳开始流行，主要集中在河南农村一带区域。河南省习练太极最为盛行的地区是温县赵堡镇和陈家沟，蒋发和陈王廷就是出生于这两个地方。目前来看，这一说法的可能性最大。

（2）太极拳的发展

明清时期太极拳在河南农村传播。19世纪初，河北永年人杨露禅前往河南学习太极拳，拜陈长兴为师。其后杨露禅将太极拳功法在河北进行了宣传和推广，其后北京一带也出现了习练太极拳的人。从此之后，太极拳文化逐渐在全国范围内得到了传播。经过长期的发展，太极拳的内容逐渐完善，并形成了众多的流派，其中最具代表性的有五大门派，即陈式、孙式、杨式、吴式、武式太极拳，各家太极拳都有其自身的特色。

传播历史最为悠久的则是陈式太极拳，外刚内柔，手法多变。现阶段，流传最广的是杨式太极拳，杨式太极拳由杨露禅首创，在第三代杨澄甫定型，动作协调连贯，具有良好的审美价值。吴式太极拳由吴氏太极创始人吴鉴泉创编。武式太极拳则是由武禹襄在河南温县赵堡太极拳的基础上发展创编的。孙式太极拳则是在武式太极拳的基础上发展而来的。

中华人民共和国成立之后，武术运动不断被挖掘整理，这使得武术运动得到了较快的发展。人们对于太极拳的认识不断深入，各种形式的书籍、影像资料众多。1986年，太极拳被正式列入国家体育竞赛项目，大大促进了其发展。如今，太极拳不仅在国内得到了传播和发展，在国际上也深受人们的喜爱，有着良好的发展前景。

为了便于在广大群众中推广太极拳，1956年，我国在杨式太极拳的基础上删去繁难和重复的动作，选取二十四式，编成"简化太极拳"。简化太极拳简单易学，已经成为人们健身的重要选择，其对于国民素质的提升具有重要的促进作用。

（3）太极拳的流派

太极拳主要有五大流派，每一流派都有其特点。其具体特点分析如下。

陈式太极拳，创始人陈王廷。其特点：显刚隐柔，刚柔相济，动作螺旋、缠绕，手法多变，忽隐忽现，快慢相间；呼吸讲究"丹田内转"；架势宽大低沉，并有发劲、跳跃和震脚动作。

杨式太极拳，创编人杨露禅。其特点：舒展简洁，动作和顺，速度均匀，绵绵不断，整个架势结构严谨，中正圆满，轻灵沉着，浑厚庄重，能自然地表现出气派大、形象美的独特风格。

吴式太极拳，创编人吴鉴泉。其特点：以柔化著称，动作轻松自然，连绵不断，拳式小巧灵活，不显拘谨。

武式太极拳，创编人武禹襄。其特点：姿势紧凑，动作舒展，步法严格，虚实分明，胸部、腹部在进退旋转中始终保持重心，出手不过足尖。

孙式太极拳，创编人孙禄堂。其特点：讲究进退相随，动作舒展圆活，转变方向时多以开合相接。

2. 太极拳的文化特征

（1）人与自然和谐的哲学观

太极学说是太极拳的重要理论基础。太极学说认为，太极即天地未开、混沌未分阴阳的状态，太极演化出阴阳两极。人体是一个"小太极"，而自然则是"大太极"。在习练太极拳时，应注重阴与阳、虚与实、刚与柔，并将自身融入自然，最终达到"天人合一"。

（2）人与人和谐的伦理观

太极拳是重要的内家功法，其注重养生，练习者通过太极拳能够提升自身的素养。在习练太极拳时，推手动作是重要的习练内容。两两推手充分体现了人与人和谐相处的伦理观。

（3）追求终身和谐的养生观

太极拳注重身心的和谐、人与自然之间的和谐，其动作与动作之间也充满和谐的意蕴。太极拳作为重要的内家功法，其与其他功法的最大不同是注重养气。我国传统理论认为，"气"是生命之源，养生在于养气。而这就要求人们修心修德，在武功提升的同时，武德也有完善，这样才能够被称为宗师。

三、长江流域南派武术文化

长江流域南派武术有武当武术、峨眉武术等，下面将对这两派武术进行分析。

(一) 武当派

1. 武当概述

（1）武当武术的起源与发展

第一，武当武术的起源。武当山是道教圣地，位于湖北十堰市境内。武当地区在古代具有重要的战略位置，武当可被理解为"武挡"，即武力阻挡。武当武术其实早在张三丰之前就已经初具规模，其后不断得到发展。在唐末时就有武林人士在武当山隐修，当时已经有了武术的传承。

在张三丰之前，武当武术就已经诞生。但是，这一时期的武术不够完善，不能自成体系，影响力相对较小。张三丰是道教的集大成者，其同时也深受儒家思想的影响，其借鉴少林功法，将道义纳入武技，使得武当武术得到了快速的发展，自成体系。元末明初时期，武当武术正式确立。在武当太极拳的经典拳经中有相应的歌诀，揭示了武当武术与道教的渊源，展现了儒道两家的融合。武当武术由前人不断实践所创，而并非张三丰一人之功。

第二，武当武术的发展。张三丰是武当武术史上的重要人物，其对三教同源较为提倡。在这一理论的影响下，张三丰的主要观点表现为：只要行善积德、仁慈悲悯、忠孝信义诚，自然不远仙道。其内丹学对真心、真性对于修炼内丹的重要性较为重视。张三丰还将儒家伦理与道教真心与真气的修炼相结合。张三丰总结前人理论开创了武当派，武当武术以"内家功夫"著称，对后世产生了重要的影响。

张三丰以道家理论为依据，将道家的内丹功和养生导引术与武术拳法糅合在一起，从而形成了独具特色的内功功法。这一功法注重养生，以防守为本，注重以柔克刚、以静制动、借力打力、后发制人。其后，经过不断完善和发展，武当武术逐渐发展成为与少林武术并肩的武术流派。中华人民共和国成立以来，武术运动发展迅速。在1982年，武当武术的庞大体系得到了一定程度的发掘。武当有众多门派，如太极、乾坤、八卦等派别。2006年，武当武术被国务院认定为中国首批"非物质文化遗产"。

（2）武当武术的流派

武当武术中有很多小的门派，并且形成了丰富的武术内容和形式。在众多武当武术中，最为人们所熟知的武术有武当太极拳、武当太极剑、形意拳、八卦拳等。

第一，武当太极拳。武当太极拳由太极、两仪、无极等不同层次的拳术、功法组合而成，在发展过程中逐渐形成了一种完善的太极体系。因此，人们所说的武当太极拳并不仅仅为太极拳的套路，还包括各种功法体系。武当太极是中华武术的瑰宝，堪称绝妙玄学。其经典的功法项目包括太极十三式、三丰太极拳、原式太极拳、密传太极拳等。

第二，太极剑。太极剑为武当的独有武功，剑可脱手，远近收缩自如，在习练时汇聚阴阳两极之气，是一门重要的传世武功。太极剑是太极运动的重要内容，其动作优美潇洒，剑法清楚，集养生与武术为一体。

第三，伏虎拳。伏虎拳，又称"降龙伏虎拳"，其也是武当武术的重要拳种。伏虎拳以手法为主，腿法为辅，是传统象形拳的代表。该拳结构严谨，底盘扎实，进攻时迅速准确，防守时密不透风，身法敏捷灵活，动作刚劲有力。一招一式，变化微妙，观赏性和实用性俱佳。

2. 武当派文化特征

武当武术理论体系完善，涉及养生、炼药、武术健身等方面的内容，它是我国传统文化的重要组成部分，我国的传统哲理都能够在其功法理论中得到反映。武当武术是在我国传统文化的基础上发展而来的，其蕴含着深刻的传统哲理，具体而言，其主要包括以下几方面的内容。

（1）武当武术的道家哲学

武当武术以道家理论为根本，反映着道家哲学。武当武术本质上是人们对于生命活动的探讨和展现，这是道家生命观的体现。武当武术在此基础上逐渐发展演化，从而形成如今完善的体系。

道家哲学是我国道家先哲对天、地、人三者之间的关系进行探析过程中形成的一种哲学观念。道家哲学在我国不断发展，并与佛、儒两家相互融合，对于我国人民产生了深远的影响。道家思想最为重要的概念是"道"，"道可道，非常道""道生一，一生二，二生三，三生万物"等都离不开一个"道"字。道家哲学认为，天地之间存在着"道"这一永恒，万物都是由其发展演变而来的。人们在行事时应该顺应大道。用道家的这一哲学原理来指导武术，收到了良好的效果。武当武术在各个方面都反映了道家文化，从养生炼药，到自存防身，都是其体现。

（2）武当武术的养生宗旨

武当武术的宗旨是养生，注重现世修行，推崇养生术和外丹术，这与其他注重来世的理论具有很大的区别。武当武术从道教的养生和健身需要中产生，将精神和肉体的修炼作为手段，将福、禄、寿、喜作为追求的目标，最终实现长生的目的。

道教养生注重通过静养来实现，内丹术中的重要一种就是静坐修炼，修身养性。但是，这一方法久坐不起，同样会带给人一定的伤害。因此，有人提出在修炼时应动静结合，如果一味求静，则体内之气不能与外界相通，从而使得人体缺乏生机。因此，内丹术逐渐确立了动静结合的道路。

需要注意的是，武当武术所追求的并不是单一的动或静，而是将两者有机结合在一起，肢体的运动不会超过相应的限度，注重中、正、平、和等要领的贯彻。

武当武术自张三丰之后逐渐形成派系，其内家拳体系逐步完善，将武术由技击向养生方面进行了延伸。武当武术注重心、息、身的协调，并且将其贯彻在修炼的过程中。通过习练武当功法，能够调和阴阳，达到疏通经络、滋养身心的作用。武当武术注重人的精、气、神的修炼，内外结合，阴阳互调，动静相合，刚柔相济，从而达到养生的目的。

（3）武当武术的技击为末

武术其实质是一种攻防技击运动，这是公认的观点。但是，武当武术与其他武术运动具有很大的不同，其注重养生，而视技击为末学。这与道家哲学思想的影响具有很大的关系。

武当武术是在道家思想和哲学理念的基础上发展而来的。道家从老子初创之时就主张"清静无为"，主张以理服人，不提倡进行争斗，处处宣扬无为而治的思想。因此，武当武术将武术的技击视为末学也就不足为奇了。技击对抗就是要削弱或消灭对方，在这一过程中和谐被破坏，造成相应的伤亡。这与道家的思想是相违背的。道家注重养生，通过身心的发展来实现长生的目的。所以，武当武术在道家思想的影响下，重养生而轻技击。由于武当武术注重养生而轻技击，这也使得其习练者多为老年人，而年轻人则相对较少。

另外，虽然武当武术视技击为末学，但是仍然创造和发明了很多武术功法，其也具有一定的技击功能。这是因为道家坚持朴素的辩证主义哲学思想，事物的发展都是对立统一的。因此，人们应该以善为本，但也应该注重对于不善的防范。武当武术注重后发先至正是这一道理，其功法强调在被动情况下的反击，而不提倡主动出击。

（4）武当武术的道德门风

武当武术门派至张三丰开山创派以来，其各代传人都要遵守祖师的训诫，这是武当武术的门风。虽然现代人已经无法知晓张三丰留下的训诫的具体内容，但是从道教的一些戒律以及武当内家拳派的各种传承的戒律中可以大致了解其内容。虽然各家拳派的戒律内容和条款各不相同，但是其基本原则还是较为统一的。

道门中有很多训诫,其在修行方面有"三戒",即皈依戒、皈神戒、皈命戒。具体而言,皈依戒是指要一心向道,排除杂念;皈神戒主要是指应信奉三十六部尊经;皈命戒则是指应听从高德行的法师的指引。由此可见,武当门派对于道德门风的重视。

(5)武当武术的道法自然

"道"反映在万事万物之中,通过对万事万物进行观察能够探索道的本源。万物从生到死,从起点到终点而形成了一个"圆",因此万事万物都不能脱离这个"圆"。在这一思想的影响下,武当武术中正圆融,处处将圆、圈、旋的有机交合运化之势体现出来。最为鲜明的是八卦掌和太极拳,这两项功法都绕圆走转,处处体现圆融之美。道家还注重"道法自然",武当武术也从自然中获取灵感,很多招式都来自对动物的模仿。例如,太极拳中的各种招式,很多都是在对鸡、虎、鹤、马等的模仿基础上整合发展而来的。

(二)峨眉派

1. 峨眉派概述

峨眉派发源于四川峨眉山,其博采众家武学之长,从而形成了独特的武术技法风格。峨眉派形成于明代,其后不断获得完善和发展。

早在春秋战国时期,峨眉山就有很多方士隐居期间。相关资料显示,当时司徒玄空模仿猿猴的动作,创编了一套攻守灵相的"峨眉通臂拳",有很多学徒。在宋朝时,峨眉山是我国的佛教四大名山之一,峨眉山的僧人逐渐增多,武僧也逐渐增多。在明朝时,峨眉山武术得到了快速的发展。峨眉派的起源众说纷纭,并没有一个值得信服的说法。

据不完全统计,峨眉武术的拳术、器械及练功方法有2368种,其中既包容了少林、武当等各派的精华,又有独特的"四川"特色。峨眉派武术动作较小,但是变化较大,注重借力打力、以柔克刚。在攻防时多顺势前钻,借力反击,以快取胜。

比较少林、武当、峨眉三大派别,少林派以攻架见长,武当派以呼吸见长,峨眉派则主张内外相重;在力道上,少林善刚,武当善柔,峨眉派却主张"亦柔亦刚,刚柔兼备";在特点上,少林派多用长手,武当派多用短手,峨眉派主张长短并用。

2. 峨眉派的文化特征

（1）峨眉武术的哲学基础

峨眉武术多以阴阳学说为其基础。峨眉功法注重外练手、眼、身，内练意、气、心，使内外统一。通过这种抑强扶弱的调阴阳法，使身体阴阳平衡、体健气足，便于进一步习练功法。

（2）峨眉武术的价值观

峨眉武术在习练时注重"武德""仁术"和"养气"等方面，要求练武的人注重武德的修炼，保持一颗正直之心。峨眉武术具有深厚的攻防搏击意识，武术是其抗暴图存的重要手段，习武之人应有人道主义精神和浩然之气。

（3）峨眉武术的养生观

峨眉武术注重内外兼修，形气并重、开合有度是其重要特征。在习练时，往往以超常的"神"气和强大功力显威制胜。

四、珠江流域岭南武术文化

珠江流域有其特殊的环境，在这一环境下诞生了南拳、截拳道、蔡李佛拳等优秀的武术拳种。此处主要对南拳和截拳道进行分析。

（一）南拳

1. 基本概况

（1）南拳的起源与发展

南拳在广东和福建沿海一带形成，具有鲜明的南方特色。南拳由南少林寺功法和南方各地的汉族功法结合而产生，在南方广泛流传。在不断发展的过程中，南拳形成了多种打法，但是套路仍有共同之处。由于其流传于长江以南的地区，所以被称"南拳"。

南拳拳系的形成时间，大概在清初到清代中期，即从17世纪末至18世纪末。当前，南拳多在我国福建、两湖（湖南、湖北）两广（广东、广西）地区和中国台湾地区以及中国香港、中国澳门地区，并在东南亚以及美洲、大洋洲广泛流行。

南拳的基本特点是门户严密、动作紧凑、手法灵巧，具有以小打大、以巧打拙、以多打少、以快打慢的技击特色。南拳的总体风格是步稳、拳刚、势烈，以声、气修力。

（2）南拳的流派

南拳拳种和流派很多，在发展过程中形成多种风格和不同派系，据不完全统计有20种以上，包括少林桥手、五祖拳、鹤拳、罗汉拳、周家拳、屠龙拳、小策打、洪家拳、黑虎拳、金刚拳、鱼门拳、孔门拳、薛家拳等。

2. 南拳的文化特征

南拳的积极性较强，其手法多样，动作朴实无华，并且套路动作紧凑，劲力刚健，步法稳固。南拳重拳法而少腿法。南拳气势激昂，常常以声助威。

（二）截拳道

1. 截拳道概述

截拳道由近代武术宗师李小龙所创，又称"李小龙截拳道"或"原始截拳道"，意为"阻击对手来拳之法"。截拳道采用全新的武术理念，将世界其他国家的武术融入我国传统武术之中，从而开创了全方位自由搏击术的先河。

李小龙从小习武，其后结合众家所长而创立了截拳道，实现了中西文化理念的融合。截拳道是一种自由搏击理论，对于其后综合格斗的出现奠定了基础。

截拳道将武术中的技击动作吸收进去，再加上自身的专长，其实战性较强，注重学以致用。截拳道注重博采众长，而不限于一家治学，其精髓就在于"为我所用"。

大多数武术的练习只是是非曲直一种模仿性的重复，像一种工厂制品，失去了独特性。教授（注意不是传授）适当的自卫术应因人而异，这就是截拳道"武术应因人而异"的哲理。由于生理特点、特长、性格等方面的不同，每个人都有适合自身的打斗方式，截拳道理论认为人应该寻找出适合自己的方式。

2. 截拳道的文化特征

（1）截拳道的最高宗旨和哲学核心

截拳道的最高宗旨和哲学核心是"以无法为有法，以无限为有限"。截拳道反对对任何武术技法的复制，反对任何固定的形式，强调"无形之形、无式之式"。

截拳道更多的是一种武术思想，而并不是具体的招式和技法套路。理想的截拳道是没有固定的招式套路和技术动作的，主张在实战中"务实"应变。李小龙认为，"自由搏击没有一成不变的途径和方法，它纯靠观感、变化、见机行事"。这与我国传统思想中的"君子不器"具有异曲同工之妙。在对战时，不能仅仅限于某一方面，而必须善于变通。

（2）截拳道阴阳之道与技击矛盾说

"截拳道"的标志图案由李小龙绘制，现称"振藩截拳道太极图"，图案中央，是一幅中国传统文化中代表道家哲学的太极图，外围是两个首尾相接的箭头，象征宇宙阴阳二者圆转流动、循环不息这一截拳道技击矛盾的核心。

截拳道认为，有关软功硬功、内家外家之争执，都无关宏旨。阴阳是整体的两半，两者同样重要，缺一不可。阴阳二者相互斗争、相互依存、相互转化、循环不息，这源于我国传统阴阳学说。截拳道理论认为，擅武者在自身受袭击时，并不是直接截招，而是顺势引其入围，再借攻击之力反击于彼身。

（3）截拳道的武术观

截拳道认为，所谓"武术"，并非单指一种体育运动或自卫术，它是一种以智力同技巧相配合的精妙的艺术，并不能单靠学习，而需要靠实践、靠体验。在实战中，截拳道理论强调，对手是运动的，不会固定在某一个位置上不动；在对战过程中也没有充足的时间对对手进行观察，然后采取相应的对策；更不会像木头人一样一动不动给攻击者蓄势运劲的时间。因此，在对战过程中如果对手身体一动，就要先发制人。截拳道理论认为在进攻时，攻击动作要简单、直接，不浪费时间。习武者应该有自己独特的技法，能以最短的时间、最简单的动作去直接表达。

第四章 传统武术文化的传承要素

传统武术经过几千年的发展逐渐形成了今天这种博大精深的文化形式,传统武术文化的传承需要多种因素的参与和作用,同时也需要满足各种客观的外部条件,其传承的形式也随着社会的不断发展而有所变化,本章将分别从传统武术文化传承的时代背景、传统武术文化传承的功能与发展、传统武术文化的传承者、传统武术文化的传承、传统武术文化传承的文化空间与环境、传统武术文化的传承管理以及多元视域下传统武术文化的传承几个方面对我国传统武术文化的传承要素进行具体分析。

第一节 传统武术文化传承的时代背景

现今社会飞速发展,全球范围内所定义的文化无处不在,其呈现出多种多样的形式:一方面体现着各个国家和地域文化的相互渗透,另一方面又体现着各种文化所具有的不同之处。在纷繁复杂的社会元素中,各种文化在传播的过程当中不断地进行着相互间的渗透和交融,同时又在保持本身所独有的特性,这就形成了各种文化之间的复杂关系,这些关系当中既有相似之处,又存在不同点,而且这些相同点和不同点往往存于大多数文化中。

随着人类社会不断进步,经济繁荣带动文化繁荣使以往仅存在于西方国家的一些文化在被引进国门之际,对本土的传统文化在某种程度上造成了影响,这些影响面所涉及的范围不断扩大,逐渐会影响到下一代,因此,需要全民共同努力来弘扬和传承传统民族文化,以便在国人心中牢牢树立起传统文化的旗帜。

一、文化发展的历史趋势

在世界经济高速发展的今天,文化也得到了快速发展。在文化传承过程中,与之共生的还有一种文化霸权,这种现实问题的存在必须予以高度重视。

在人类历史发展的长河中,尽管在历朝历代交替的时期,少不了战争的发生,但是这种文化的渗透和潜移默化的影响也逐渐被人们总结出是以另一种形式存在的战争,因此在许多国家间便产生了一种文化的较量,并以此作为证实本国实力的一面镜子。

中国有着五千年的文明历史,因此,作为中国人,我们应以和谐包容的胸怀去参与文化的传承,去接纳各种文化的相互融合和发展。

二、经济全球化背景下的文化安全与自信

(一)经济全球化背景下的文化安全

在人们无比重视经济发展的时代,还要注意到文化的发展对于当今社会所产生的影响,而且如果文化在传播过程中一旦失去了安全性,便会造成在全球范围内各种价值观和道德理念的侵蚀,直接左右着人们的思想以及所作所为,形成一种立体的文化框架。这种关于文化领域的安全性对于一个国家的整体安全来说,占据着非常重要的位置,从某种程度上说,它可以决定着一个种族的世代传承。在当今社会千丝万缕的复杂关系当中,一方面经济的繁荣和发展给人们带来了物质方面的满足,另一方面各种文化的相互影响和渗透,也给人们提出了不少不容忽视的思想问题。经济的发展对文化所产生的影响,让不少国家开始重视起文化这种无形的武器对社会所产生的巨大作用,因此这些国家都把发扬本国的文化放在了极其重要的地位,对如何巩固和发扬本国的传统文化给予高度重视。

(二)经济全球化背景下的文化自信

无论是国家还是地域,文化的传承和发展都是经过了许多代人的无数次实践和认真总结得来的,如果想让这些文化对人类的进步和文明起到很好的推动作用,那么就需要弘扬和传承这些文化。

在当今社会,所倡导的文化自信就是提醒人们:在现在如此复杂的人类社会当中,全球性的文化发展带来了一些西方的文化理念,对我国传统的理念形成了一定的影响,与此同时,我国的一些传统文化也在逐渐地被消磨,在这种现状下,就需要每一名中国人,要对自己国家传承了几千年的传统文化有着牢固的自信,并且深信会从世代传承的文化中收获更多的有价值的宝贵财富。因此,对于文化自信这一理念的提出是非常及时和有必要的,并且这些都需要建立在有关人员的不懈努力和辛苦耕耘的前提下,才能让人们对我国的文化有更

清楚的认识和了解，不至于在这些没有硝烟的文化战争中迷失方向。

在我国五千年的文明历史当中，中华民族一直被奉为礼仪之邦。这些不朽的文化让古老悠久的中华民族蕴含了深厚的历史积淀，吸引着无数崇尚中国文化的人走进国门。世界各地掀起了一股学习汉学、崇尚中国传统文化、习练中国武术的热潮。有不少专业人士总结出，在未来的世界，具有中国特色的文化一定会在全世界范围内产生深远的影响，并且为各国的人们所推崇和认可。

在当前这个繁荣发展的时期，每一名中国人，都要牢固树立文化自信的观念，并且要放眼将来，把中国几千年的文化进一步传播和弘扬到世界各地，使人们了解和接受，同时还要兼顾到国家范围内的文化产业，充分发挥它在各方面所具有的影响作用。

第二节　传统武术文化传承的功能与发展

中国武术历史源远流长，它是中华民族通过对斗争和生活实践的总结形成的一门具有修身养性、强身防卫功能的武学。中国武术博大精深，内容丰富，特点鲜明，分为众多流派，具有深厚的群众基础，是中华民族宝贵的文化遗产。随着时代的发展，人们步入了信息化时代，科技成为第一生产力，武术为了更好地在新时代生存，在内容上、功能上都进行了调整，以便能更贴近人们的日常生活，并且突出自身的特色。武术在社会中具有清晰的定位，是东方文化的代表。

一、传统武术文化传承的功能

（一）制敌防身

传统武术技击具有无规则性、应急性等特点，作为一种拼杀手段，它是人们在冷兵器时代下用于防身和制敌的技能。但随着时间的推移，社会制度逐渐健全，相关法律逐渐完善。现如今，冷兵器时代早已经过去，人们的生存方式也发生了翻天覆地的改变，传统的拼杀手段离普通人的生活越来越远，个人防身制敌的意识也逐渐减弱，尤其是个人技击能力，使用的机会也越来越小。但值得注意的是，无论社会如何发展，防身和制敌的意义都不会完全消失，至少，目前不会出现这种情况。

第一，传统武术技击具有极强的实战性，它是一种意在制服对手的无限制的拼杀手段。目前，传统武术技击适用于军队、公安等系统，对打击敌人、制服犯罪分子具有十分重要的意义。虽然现在热武器已经代替了冷兵器，但是冷兵器格斗和徒手技击，在实战中仍有用武之地，有时候甚至能起到扭转战局的关键作用。

第二，我国对枪支的管理相比欧美国家更为严格。因此，我国所有犯罪案件中，涉枪问题相对占比较少，这就客观反映出单凭高精尖武器难以做到维护企事业单位和人民生命财产安全。

第三，目前，法制化社会建设逐渐完善，人们的生存环境与古代相比安全指数显著提高，现代人的安全问题有了更多的保障，如公安机关、人民军队等，但是犯罪依然时有发生，单靠国家行政机关的力量，不能完全保障每个人的生命财产安全，因此，传统的武术对现代人依然有用武之地。

传统武术的特点是没有任何规则和限制，追求击败敌人的技法，注重实效性。现如今，依然有人学习传统的武术用来防身。但是，要做到这一点，运用无法之法来防身，前提是要充分将这些方法归为己用。由此可知，要实现传统武术本能无法之法、技击技法来防身，需要掌握并融会贯通传统武术的外功功法、技击技法、文化观念、内功功法等。

（二）娱乐表演

对于传统武术套路，古人常把它当作娱乐表演，这也佐证了其实用艺术。它体现出浓厚的养生意识，并且有自然的美感，还有传统武术自身的情感。因为，武术技击所反映出的情感，折射出具有美感的传统武术套路，是养生意识的一种表现。但是它的套路美并不完全等同于武术技击的养生意识，只是，二者具有紧密的联系。人的行为，是建立在符合审美情趣的基础之上的。

传统武术的套路美，体现在人们对武术套路的审美观念是武术运动和欣赏者之间互相作用产生的。在相同的欣赏者面前，武术套路的美，由不同的武术套路形式决定，但是，武术套路最终表现的美的程度，还是由欣赏者的审美观念来决定的。由此可知，人们对审美观念的标准，有很多相似之处；但值得注意的是，审美观念的形成，主要还是受行为人的生存环境、文化环境所影响。因此，文化差异性，自然造成行为人的审美观不同；而审美观念不一致的情况下，行为人对武术套路的创作，就会产生不同的想法，最终形成不同的武术风格。

传统武术的套路美，可细化为养生意识美、协调美、技击意识美、指导思想美、速度美、劲力美、形体美、姿势美等多种形式。深入分析不难发现，所有的美的出发点都是源于养生和技击。养生性与技击性作为传统武术套路的最具代表性的标志，并且也是传统武术追求和崇尚的内容，所以养生性和技击性顺理成章地成为让人内心欢愉的一种武术运动。正因如此，它所体现出的人们情感所认可的养生性和技击性，就是一种艺术依存美，而表演者们做出这些身体动作，自然也就形成了形式美。

人们在传统武术套路方面，对于养生性和技击性的要求具有很高的标准，但这并不是说传统武术套路只存在养生和技击的美。在现实生活中，要完成传统武术套路的创编，套路编创人需要建立在具有自己特色的养生理念和技击含义的基础上，再加上对养生和技击之外形式美的理解。例如，罗汉拳、二郎拳、龙拳等都有各自的风格和套路，给人不同的视觉享受，别有一番韵味，但这些特点不是养生和技击所能包含的。这也从侧面反映出传统武术套路的创作者自身具有超凡的想象力。不难看出，即便在传统武术套路中，某一个具体动作，在具有自身的养生意识和技术含义外，也能够让人产生遐想，将武术的招式带入自己遐想的空间。

传统武术的套路美，必然与中国人自身的审美相重合。它是一种复合之美。目前，我国的传统武术套路，依然具有极高的艺术价值，能够为观看者带来一场视觉盛宴。

（三）修养道德

传统武术，代表中华民族敢于斗争的精神，它的传承和发展离不开传统武术道德。传统武术道德具有如下几种优秀的品质，分别是孝、忠、仁、礼、义、信、智、中庸、自强不息、舍生取义、见义勇为、替天行道、行侠仗义等。因此，这些传统武术道德，经过时间的磨炼，经过历代炎黄子孙的传承，形成了优秀的品质。现代社会的每一个习武者，都应该秉承先贤的精神，培养出忠于国家、爱护他人、孝顺父母、克己行礼、重义轻利、诚信待人、明辨是非的优秀品质。

传统武术道德，其实质属于思想教化系统，能够提高人民的思想、品行和修养，但是，要实现其修养道德，必须通过武术实践和武术训练，才能完成。由此可知，要充分传播与宣传传统武术道德的优秀内容，值得注意的是，还要用其对当代习武者进行武术实践和训练，做到知行合一。

对于时下社会上出现的不良风气引发的精神危机，更凸显了传统武术道德的重要意义，但这不意味着，传统武术道德只有在这样的社会背景下，才能展示出它自身的价值，这里只是说明它对社会具有积极的促进作用。事实上，任何一个民族都不可能抛弃自己的传统文化，我国同样如此。所以传统武术道德，具有的价值并不需要证明。

(四)体验传统

传统武术,不仅代表我国一种优秀的传统文化,还作为我国传统文化的载体和代表,折射出我国诸多传统文化的内容。传统武术正因为具备这种特殊性,才能对现代社会产生特别的意义,能够让学习传统武术的人们,理解中国传统文化,感悟其中的内涵,体会创建者的情怀,能够对那段历史时期有更深刻的认识。

传统武术具有浓郁的传统文化,人们从中可以看到传统思想观念和传统文化的内容,因此它的发展必然和传统文化结合在一起,无论从形式上,还是从功能上,它都客观地反映出我国丰富的传统文化。

传统武术不局限于实用性技能的本身,它不仅是用于制敌防卫的手段,还是一种鲜活的能表达中国传统文化精髓的方式,甚至可以用全息影像来形容。通过影视、书本、讲解,虽然能够让人明白传统武术和传统文化的内在联系、传统武术所肩负的使命以及传统武术所弘扬的优秀的民族价值观念,但是这种认知是模糊化的、泛泛而谈的,所以很难让人感同身受,进行更为深刻的理解。但是,参加传统武术训练,亲身经历后就会不同,人们不仅能够增加自身的防卫技能,还能在一招一式之中,感悟传统武术的精髓和其背后文化,从而有更深刻、更具体的认知。由此可知,学习传统武术,不仅能让学习者体会到中华民族的传统体育文化,而且能让学习者从中感悟到我国的传统文化。

传统武术,不仅是传播中国传统文化的媒介,还是我国武术文化的代表。传统武术与传统文化之间,关系紧密,不可分割。中国传统武术是其传统文化的载体、代表和缩影,无论从传统武术的套路技法、技击技法、道德观念、内功功法、外功功法,还是文化观念,无一不体现出传统的价值。显然,要想深刻了解传统武术,感悟其中蕴含的真意,就必须参加传统武术的训练,只有全身心地投入其中,才能在朴实而简单的运动中,在一来一回的招式中,了解到中国传统文化的精髓,在短时间内感悟其中的魅力。由此可知,向世界传播中国传统文化,可以在传统武术方面,另辟蹊径,将其作为一种重要的文化传播渠道,让更多的外国友人,通过学习传统武术,来感悟和了解中国传统文化。

二、传统武术文化传承的当代发展

(一)技法体系的多元重构

技法体系的多元重构,是指以传统武术技法为基础,以竞技比赛、表演娱乐、健身养生等为目的,为满足当前社会的需求,将一些武术技法(功效高、针对性强的）重新构建成技法体系。遵循这种思路，可以将武术技击技法体系分化重组出新的技击体系：一是专门性的技击体系；二是竞技比赛性技击体系；三是娱乐表演性技击体系；四是健身养生性技击体系。同时，武术套路技法体系也分化重组出新的技击体系：一是专门的拼杀制敌性套路技法体系；二是竞技比赛性套路技法体系；三是娱乐表演性套路技法体系；四是健身养生性套路技法体系。此外，在每种技法体系中，还可以根据习练群体各自的特点，如年龄、性别、身体素质等特点，再继续设计构建出属于下属级别的针对性和专门性都更强的技法体系等。

1. 传统武术技击

传统意义上的武术技击，是在历史中产生的无约束的拼杀手段，这种技击体系，适应范围较广，应用在当今社会各方面（军事斗争、公安斗争、保安格斗和防身自卫）的传统武术技击仍具有很大的意义，可以在这些领域中作为工具和手段存在。又因为它的价值功能的复合性，也会在这些领域（公安、军队、保安、自卫）内显出其在针对性和专向性方面的缺点。

虽然有针对性和专向性的缺陷，但这并不代表传统意义的武术技击已失去存在意义。现实中，很多人选择了传统武术技击，就是因为看重了它的复合价值功能，也使它具有了很强的针对性和专向性。鉴于传统武术技击在多元化的针对性和专向性方面有所欠缺，所以，面对当今社会的需求，传统武术技击需要改善的就是多元性。解决并重视这一问题，关系到传统武术技击的现代发展。

当今社会已经出现了专门针对竞技比赛的当代武术散打技法，它已经客观地使传统武术技击的发展朝向了多元化的方向，只是，当代武术散打技法仅仅是未来的传统武术技击的一种形式，不能让人们过多地关注到它身上，应该将思路扩展为继续发扬传统武术技击使传统武术技击竞技化，除此之外，使传统武术技击的发展在多个方面拓宽道路，在更多特殊的领域和范围内将使其原有的格斗风格被合理地延续、划分、转化和优化。所以对于传统武术技击技法，要肯定其价值和发扬其技法，对于当代武术散打技法也要认可其价值、规范其基础，还需建设和开发出更有针对性的和专门性的技击体系，以多元化当代的武术技击体系来提高武术技击体系的普遍性。

可以说，竞技比赛在传统武术发展史上的开展很少被重视，并且，即使存在一些竞技比赛，其比赛的形式相对而言还是比较单一的。但是这并不意味着传统武术就不能拥有自己的竞技比赛，也不代表着，它的比赛形式仅能单一地开展。

当代竞技散打和传统武术技击的真正区别表现在根本性质上。在竞技比赛中，受竞技规则的指导与限制，已经把当代竞技散打实战对抗和传统武术技击里的实战对抗的性质转变，由应急性转为固定性、无规则性转为规则性、致命性转为安全性。竞技散打比赛在我国有许多年的发展历史，随着竞技比赛发展而逐渐成熟壮大。要想让传统武术技击更适合当代发展，就要在传统武术技击整个体系都得到继承和发扬的情况下，在对针对性和专门性的技法（军事格斗技法、公安格斗技法、保安格斗技法、防身格斗技法等）进行重构体系的前提下，给予一定的人力和物力，使现代武术技击完善为竞技技法的体系，重构的技击体系可以用来竞技比赛。

在现代社会，传统武术技击的发展方向是使它具有多样化和大众化的属性，还要在把原来的传统武术技击体系继承和发展的基础上，以其时代内涵和现实需求，再补充构建一些技击技法体系使当代武术具备更强的针对性和专门性。此外，在已经具备一些较强的针对性和方向性的一系列技击体系（其包括：一是传统武术技击体系；二是军事格斗技法体系；三是公安格斗技法体系；四是保安格斗技法体系；五是防身格斗技法体系；六是竞技性传统武术技击体系；七是竞技性军事格斗技法体系；八是竞技性公安格斗技法体系；九是竞技性保安格斗技法体系；十是竞技性防身格斗技法体系）里，再根据不同的习武人群的种种特点分类设计重构出更具针对性和专门性的技击体系。

综合来讲，想要让更多不同类型的人加入武术技击体系中，使其拥有大量的练习此类武术的人员，就要使武术技击体系最大限度地实现多元化的针对性和专门性，真正地让传统武术技击体系得以发展，让它在社会发展的任何阶段都能不断地蓬勃发展，使它能满足社会的需求，在社会发展中拥有强大的生命力。传统武术技击体系发展最理想的状态是，把传统武术技击体系放入多种技击体系中，并以传统武术技击体系为中心和依靠，求存发展。

2. 传统武术套路技法

现如今，要让传统武术套路更好地发展并具有更强的普适性，要在发扬和保留最初的传统武术套路技法体系的前提下，与时俱进，把武术套路重新建构，由原来融技击性、养生性、艺术性于一体改为偏重技击性、偏重养生性、偏重艺术性的三种独有价值的武术套路，同时，以此为基础，建构专门的比赛竞技性套路。

此外，就算在一些套路中（技击性套路、养生性套路、艺术性套路、竞技性套路和传统武术套路）已经实现较强的针对性和专向性，仍然可以依据人群的不同特点分类设计构建出拥有更强的针对性和专向性的套路技法体系，概括地说，就是将武术套路技法体系的针对性和专向性进行大幅度的重构，只有通过武术套路的多样化、多元化，才会充满凝聚力，吸引不同类别的人进来，参与到武术练习之中。

要想使传统武术套路技法得到发展，就不能只是保守地保护传统武术套路技法，而要让它在社会发展的任何阶段都能不断地蓬勃发展，使它能满足社会的需求，在社会发展中拥有强大的生命力。

3. 传统武术功法

对新设立的多角度形态的传统武术技法来说，不只是改良革新传统武术技击的针对性和专门性，还要把一些方法和环节从原来的传统武术技击和套路的训练体系中剥离出来，经过再次建构使其成为另一种技法体系（如武术功法体系与条件实战技法体系）。

有些功法历代相传，并且流传甚广，如无极桩、太极桩、三体式桩等；受到很多限制的条件实战体系（如太极推手体系、其他拳种的推手体系、各家的假设性攻防练习体系等）属于安全性能很高的技击对抗。众所周知，太极技术训练里有一个环节是太极推手，在当今看来，其所具有的健身养生属性和比赛中的价值，已经让它独立出来。而条件实战体系是一种有较多的条件限制的安全性能更高的技击对抗，包括太极推手体系、其他拳种的推手体系、各家的假设性攻防练习体系等。太极推手，本来只是太极拳技术训练中的一个中间环节，可是，在今天的人们看来，其所固有的健身养生与竞技比赛的价值，已使其具有独立存在的意义。各种桩功作为辅助性的训练方法存在于传统武术技击和传统武术套路的训练里，只是如今来讲，其表现在健身养生、娱乐项目或竞技比赛中的作用，让它有了独立存在的意义。

在技击领域、套路领域以及训练环节之中尽可能重构一些技法体系，多样化发展现代武术技法体系，是如今发展武术技法体系的重中之重。就如传统武术技击与传统武术套路在我国古代共同组合成传统武术技法一样，现代的多样化的武术技法体系（如技击技法体系、套路技法体系、功法体系、条件实战技法体系等），也可以满足社会需求，自由组合发展为价值不同的武术技法体系。

建构现代武术技法体系要秉持一定的基本原则。发展现代武术技法的基本目的是使传统武术技法得到发扬和继承，但是又不要受限于传统武术技法，要以变化求发展，传统武术套路技法的最好发展模式是适当地变化。在当今社会中，人群和文化都具有多元性，社会更需要武术技法的多样性。

虽然武术技法体系在中国古代已有多元分化的发生，但都没有当今社会表现得如此明显，而且多半不是当代意义上的自觉行为。

必须注意的是，重构多元的现代武术技法体系，是一个展望。这种体系的实现，需要很多研究者、管理者、教导者、训练者、练习者的共同开发和共同实行才能完成。

（二）传统武术道德观念的与时俱进

传统武术道德目前的使命，是让武术道德观念和时代一起发展，赋予新的理解和现代的解释在传统武术的道德观念上，不应该忽略和排斥新的道德内容，而应该恰当地补充传统武术道德在如今的缺陷。因此需要解决的问题如下：其一，怎样平衡武术道德中的脱离俗世和人世观念的关系，也就是如何协调"自强不息，厚德载物"同"无为故无败，无执故无失"的关系；其二，怎样处理道德原则即礼仪和道德的关系。

传统武术道德是由各名师大家的传统文化理论形成的，展现出两种互不相同的人生态度：自强不息、厚德载物的人世观念和无执无痕、无为无待的出世观念。

"自强不息、厚德载物"，鼓励人们要自觉地努力向上、永不松懈地做事以充实自己的实力，还要以宽广厚实的道德来待人，包容所有的万物；而"无执无痕、无为无待"，则是奉告人们不要过度注重结果，不要让已经过去的不如意的事情成为心理压力，要放松和放开自己，始终笑逐颜开地生活。"自强不息、厚德载物"，赋予生命过程宝贵价值和意义；"无执无痕、无为无待"，将使自己始终处于悠闲的状态。"自强不息、厚德载物"有机结合"无执无痕、无为无待"，展示给人们一种最为理想的生存状态。

道德形式就是道德原则在时代的显现。因生活时代不同而繁衍出的某一个时代的道德形式，都具有某个时代的特性，不能完全代替那个时代的道德原则。所以，如何认知传统道德，道德原则不同于道德形式，始终要在遵守传统道德的前提下，再以时代的需要为准则继承和革新传统道德的形式，给中国武术赋予优良的传统性和进步的当代性。

道德不只是人的价值追求，还是行为的指南。在传统武术道德中一些道德原则没有失去价值相传至今，也并不意味着全部的道德观念都还有当代的存在价值。

在这里，需要明确的是上限道德和底线道德的问题。首先需要把上限道德和底线道德从传统武术道德的内容属性里区分出来。所谓底线就是最基本的最低的要求，就算是使用强硬手段也要让习武人必须遵守服从；而上限道德就是作为一种最高精髓，引领习武之人自愿、自觉、自发的个人追求。底线道德是一种对于武术之人的强制要求，上限道德则不需强制执行而全靠个人的自觉选择。底线道德是每个武术人都必须做到的；而上限道德，则只能是武术人的个人选择与自主追求，不能有任何的强制。对底线道德的强制可以使武术正常发展，是保证武术发展正常化的基础。

传统武术道德在当今社会的发展就是当代武术道德，传统武术道德的发展过程，就是不断地对其再认知理解和再添加解释的过程，在这个过程中，会赋予其许多新的内涵和新的诠释，使中国武术道德在变化中得到发展。

对于当代武术道德其本身的理解，就是一种思想教育的方法理论，利用它使人们思想境界得以改观，以完成对道德教化和道德修养的改善。以当代武术道德来达成教化和修养人的道德的形式，具体要在武术实际训练和武术实践的行为中去实现。所以，以武德修道德这一愿望，不只是要把当代武术道德中的积极向上的内涵进行传播与大力宣传，还要使习武者在武术训练与实践中树立武术道德的观念，做到知行合一。

（三）传统武术训练范式的道器并举

当今最完美的武术训练体系模式，是全部继承传统武术训练中的两个层次，以科学的理念贯通在外向训练中，达成经验训练和科学训练的协调统一，保存和发展原有的内向训练，全局上实现武术训练中的道器并举。

科学训练，就是训练者的训练行为是用科学理论来引导和要求的，在实际当中，存在的最为普遍的科学的武术外向训练，就是利用各种领域内的高科技方法，帮助实行武术的外向训练。武术外向训练的科学性，使训练符合科学观念，并在其指导和要求下进行。对于各个领域（包括生理学、仿生学、物理学、生物学、遗传学等）中的最先进的科学手段，武术的外向训练都要尽可能地将其应用进去。武术外向训练的科学性，主要涵盖的就是科学处理训练程序及训练手段。使各种武术外向训练的训练程序更为标准合理，是属于科学范畴的问题；怎样利用现代科技手段，进而有效地为各种武术外向训练服务，也属于科学范畴的问题。

彰显超验心是传统武术内向训练的终极目标，所谓终极目标，并不是轻而易举就能达成的，也无须用训练经验进行实证。只是这仍然无法影响武术内向训练的存在意义。将彰显超验心设立为终极目标在传统武术内向训练中，也有十分重要的意义。设立终极目标的意义，不是需要所有人都能达到这一目标，而是起一种引领的作用。实际上，彰显超验心这一终极目标的存在意义，就等于看得见摸不着，多数人只能接近却难以实现。可以说，正是彰显超验心这种接近了实现不了的终极目标的确立，让每一位有追求的训练者都能心甘情愿地、不断地超越自我，进行训练。

传统的理论认为，内向性的追求和外向性的追求，分别属"道"和"器"的范畴，一个是形而上的，一个是形而下的，所以，把外向的科学训练、经验训练有机地结合起来，在训练中，完全统一发展外向训练和内向训练，是现今中国武术的理想训练形式，此即"道器并举的训练模式"。

把外向的科学训练、经验训练有机地结合起来，在训练中，完全统一发展外向训练和内向训练，能让更多的人适应这种多样化的武术技法体系和现代感的武术道德体系，也能让全部的习武之人，经过任何一种武术训练和道德修为，都可以接近终极目标而不断地超越自己。这是一种结合了感性认识和理性认识两种形式并超越有限、追求无限的理想历程，是一种具有旺盛的生命力与发展潜能的明智之举。

第三节　传统武术文化的传承者

从宏观的角度来看，文化是指人们发挥自己的创新能力而形成的创新产物和精神力量的总和。文化是社会中必然存在的一种形态，同时也是历史遗留下来的产物。人们为了满足生活的需求和自身的成长而创造出文化，文化的传承是人们长期发展的必要条件。

在传承一词中，"传"是指传授，"承"即"继承"，因此可以将"传承"理解为传授与继承。文化的传承并不是单纯的传播知识理论，而是根据社会的现状与文化发展的变化而形成的综合体系，因此，应该积累更多的文化素养来促进社会的发展、创造新的文化体系。

文化的传承需要每个人都付诸实际行动，并展示出强烈的团结性和整合性，贡献个体的力量来壮大群体综合实力。传统武术文化源远流长，有着深厚而独特的文化内涵。文化的传承实际上就是文化的二次生产和创新，这种传承在历史上使中华民族得以发展壮大，而对于当今的中国来说，这种传承则是中华民族傲立世界民族之林并实现伟大复兴的根本保障。

一、传统武术文化传承者的含义

传统武术文化传承者是指对传统武术文化直接参与传承、使之能够不断沿袭的个人或者群体。

传统武术传承者的确认过程并不简单。首先需要按照严格的步骤对传承人进行一系列的培养,其次采取不同的方式对其进行具体考核或者考察,最后以其对传统武术文化传承知识的数量与质量的掌握情况为依据对其传承者的资格进行最终判定。传统武术文化的不断繁荣与发展需要传承者的不懈努力与薪火相传,传承者是对传统武术文化进行保护的重要群体。

二、传统武术文化传承者的作用

传统武术是我国的一项非常重要的非物质文化遗产,在对我国传统文化进行保护的过程中应该注重对传统武术的传承。传统武术的延续是通过传承最终得以实现的,传统武术文化的传承过程表现出动态性特征,传承武术文化的载体是人,加强对各种传统武术项目代表性传承人的保护是对传统武术文化进行有效保护的重要措施。

传统武术的延续与传承者的传承作用是紧密相连的。一般来讲,传统武术的传承者都非常珍视自家的技艺,出于一种类似自发保护知识产权的意识,他们并不会随便将自家的武术绝技传授给家族之外的人,因此传承传统武术的人一般数量稀少,而且他们所传承的武术技艺也非常精湛。传统武术文化的传承需要一代一代传承者不间断地传递才能够实现,一旦中断就可造成一门传统武学的消失。传统武术文化的传承人不仅可以对传统武学进行继承,同时还能够延续其发展,在此过程中还能够有效促进传统武术的传播、发展与创新。[1]

总之,传统武术文化的传承并不是一味地对传统武术文化进行移位或者延长,而应该在传承过程中进行去伪存真,并且进行适当的创新,只有这样才能够对传统武术文化进行有效的积累。

三、传统武术文化传承者的权利与义务

(一)传统武术文化传承者的权利

在对传承者进行评选与确定时,应该提前明确规定传承者的权利和义务。传承者可以根据自己所拥有的技能来举办文化活动,包括学术研究、技艺传承和创作等,传承者所拥有的权利受到法律的保护。

---

[1] 韩金清,王岗. 中国武术文化中的处世智慧[J]. 体育文化导刊,2018(2):12-17.

传承者所拥有的权利不同,这里的"权利"包括传艺、讲学、学术研究以及出版表演等等,应该制定相关的政策来保护传承者的权利。传统武术方面的非物质文化遗产代表性传承人一旦经过国家相关部门的认定,法律就应该切实保护他们的收入以及生活水平,这样更有利于传统武术文化的传承。

(二) 传统武术文化传承者的义务

在传承人合法权利得到法律相应保护的同时,传承人还应该严格履行法律对于自身所规定的基本义务。

传承人应该对自己所掌握的知识、技艺以及相关的原始资料、场所、建筑物以及实物等进行完整保存,并依法开展非物质文化遗产的展示与传播等活动。传承人应该按照师承形式或者其他方式对新的传承人进行一年一度的选择与培养,在条件允许的情况下传承人还可以通过书面著作的形式来对传统武术文化进行相应的传承。传统武术的传承人应该严格履行法律规定的相关义务,将个人技艺向后人传授,特别是享有国家经济补贴的传承人更应该自觉自愿地传授自己的传统技艺。

第四节 传统武术文化的传承

一、传统武术文化传承的内容与原则

(一) 传统武术文化传承的主要内容

通常情况下,传统武术文化传承主要包括两方面的内容:一是武术技术的传承;二是武术文化的传承。

1. 传统武术技术

一般来讲,我国传统武术技术主要包括各个拳种及其流派中的拳术与器械技术。主要的武术拳种有少林拳、心意六合拳、太极拳、形意拳、八卦掌、八极拳、劈挂拳、通臂拳、戳脚、翻子拳、红拳、查拳、华拳、八卦拳、三皇炮捶、六合拳、太祖拳、罗汉拳、拦手、秘宗拳、螳螂拳、猴拳、醉拳、五祖拳、地术拳法、洪家拳、咏春拳、佛家拳、蔡家拳、李家拳、莫家拳、达尊拳、龙尊拳、鹤拳、蔡李佛拳、孙膑拳、硬门拳、法门拳、字门拳、梅花拳、工力拳、花拳、岳氏连拳、绵拳、苌家拳、巫家拳、白眉拳、僧门拳、岳门拳、杜门拳、赵门拳、洪门拳、化门拳、慧门拳、余门拳、弹腿、七势、金狮拳、虎形、南枝拳、八拳、

孙家拳、孙门拳、于门拳、王门拳、严门拳、空门拳、岳家拳、三十六路宋江拳、鱼门拳、杨家拳、梁家拳、精合拳、石头拳、护身拳、指东拳、明堂拳、秘思拳、清拳、四通捶、顺手拳、水炮拳、佛汉拳、枪架拳、独门拳、豹虎拳、弓力拳、三义拳、信拳、二朗门拳、傅拳、鸳鸯拳、九拳、护符拳等。

1998年出版的《中国武术百科全书》[①]中列举的拳种有长拳、查拳、花拳、三皇炮捶、红拳、华拳、太极拳、洪家拳、刘家拳、蔡家拳、李家拳、莫家拳、佛家拳、蔡李佛拳、侠家拳、南枝拳、咏春拳、龙形拳、朱家教、白眉拳、五祖拳、达尊拳、虎拳、浙江南拳、温州南拳、硬门拳、黑虎拳、孔门拳、鱼门拳、余门拳、字门拳、巫家拳、心意拳、形意拳、意拳、八卦掌、八卦拳、内家拳、苌家拳、温家拳、少林拳、罗汉拳、弹腿、六合拳、通背拳、戳脚、翻子拳、劈挂拳、地躺拳、八门拳、撵拳、太祖拳、梅花拳、燕青拳、秘踪拳、八极拳、自然门、二郎门、功力拳、唐拳、子母绵掌、四通捶、梅花捷拳、鸳鸯拳、文圣拳、孙膑拳、东安拳、秀拳、浦东拳、拦手、九拳、畲族拳、侗拳、苗拳、瑶拳、壮拳、四门拳、回回十八肘、醉拳、鹰爪拳、猴拳、蛇拳、鹤拳、鸭拳、鸡拳、地术犬法、螳螂拳等。

总体来说，我国传统武术拳种流派的技术内容是非常丰富的，并且，各个拳种流派又有很多子派，在技术方法上也有很大差异，难以计数。就拿太极拳来说，有吴式、孙式、陈式、杨式、武式等，而陈式下又有不同的传人，这些不同的传人所传播的拳术技术又各不相同。除了拳法，我国传统武术中还包括器械技术，这些技术也是风格迥异。除了常见的刀、剑、棍、枪以外，还有短器械如钩、锤、匕首等，长器械如戈、戟、狼牙棒，双器械如峨眉刺、铁流子等，软器械如流星锤、绳镖、三节棍等，其他种类如判官笔、圈等。然而，除了刀、枪、剑、棍，其他器械技术大部分处于濒临消失的状态，亟须传承与发展。

2.传统武术文化

传承传统武术文化，既包括传承传统武德，又包括传承武术中蕴含的中国传统文化。

（1）传统武德

武德，是对习武之人行为规范要求的概括，具体指习武之人应坚守的道德规范和应拥有的道德品质。武德作用于习武之人的心性修养、道德作风（精神境界、武术礼仪）等多个方面。武德是社会伦理道德思想在武术上的实践。从产生以来，武德始终强调"仁、义、礼、信、勇"等修养，已逐渐发展为中华

[①] 《中国武术百科全书》编撰委员会.中国武术百科全书［M］.北京：中国大百科全书出版社，1998.

民族所倡导的一种民族精神。如今，武德被看作社会主义社会的一种从武、习武道德，是从事武术的人理应遵守的言行举止操守准则。武德一直位于传统武术文化的核心位置，经过多年的发展和完善，已完全融入人们的生活，成为中华民族伦理道德思想的重要组成部分。

（2）武术中蕴含的传统文化

中国传统文化丰富多彩，将传统文化融入传统武术，就形成了武术文化。①中国的传统武术蕴含着深刻的哲学思想。武术植根于中国的传统文化，在它发生发展的过程中，必然要受到中国传统哲学思想的引导和强烈影响，再加上古代习武之人主动从传统哲学中汲取营养，使得哲学和拳理有机结合，推动了武术理论的哲理化进程。③传统武术在我国传统美学思想的作用下，独具艺术魅力和审美价值。④传统武术与中医思想相一致，它们都以认识人体生命活动规律、自然环境、药物作用、物理刺激、导引肢体对人体的影响等为前提。④传统武术蕴含着丰富的兵学思想，实用性强。例如，传统武术中强调的"知彼知己"便取自《孙子兵法》的总纲"知彼知己"。

简而言之，传统武术文化和中国丰富多彩的传统文化息息相关，传承传统武术文化必然要传承武术中蕴含的传统文化。

（二）传统武术文化传承的具体原则

（1）客观性原则

从武术传承的角度来讲，这种客观性传承原则是至关重要的。在武术文化传播的过程中，如果存在一些不符合常规以及不真实的内容，那么就会逐渐失去广大民众的信任与关注，并最终影响到自身的发展。

（2）古已有之原则

文化是延续的，因此作为文化有机组成部分的传统武术文化也是历史悠久、传承有序的。传统武术文化的传承同样如此，学拳者往往需要追寻所学拳种流派的根源，从而更好地厘清自己的脉络，并在师承中找到自己的位置。由此可见，传承有序、历史悠久是传统拳种流派的文化底蕴，这同时也表现出传统武术文化古已有之的传承原则。

（3）渐进性原则

文化的传承是分层的，同时也是循序渐进的，这是文化传承的基本规律。因此，传统武术文化的传承应该循序渐进地进行。例如，要让传统武术进入中小学、大学，要让传统武术进入奥运会，这些都是一个渐进的过程。

（4）文化性原则

文化只有在发展中才能不断促进自身的成长。通常来讲，传统武术在传承中应该做到以德为先，注重传承人的悟性并注重拜师的程式，这才是一个完整的文化空间。文化空间的完整性决定了传统武术文化的传承是否能够保持长久健康的发展。

二、传统武术文化传承的模式与意义

（一）传统武术文化传承的模式

教育对整个文化起着保存、传承、改造、创新的作用。任何文化的传承，如果没有教育就难以延续。对传统武术文化来说，它的传承活动就相当于一种教育活动的开展，武术本身就具有教育的本质属性，只是这种教育形式不同于一般的教育。借助教育，可以让传统武术技术与文化实现更好的传承与发展。

传统武术蕴含文化、艺术、体育等多个要素，武术与教育融合，其文化定位不能脱离传统武术自身的特质。开展武术教育，从某种程度来说就是在解读文化经典。同时，武术教育的价值既包括文化传承，也包括审美的传承，因此，武术教育理应成为兼具文化、艺术、体育的多元教育。继承并发扬我国的传统文化是发展传统武术的前提和基础，只有实现传统文化和传统武术的有机结合，才能发挥传统武术的最大价值。

（二）传统武术文化传承的主要意义

从文化传承的角度来分析，传统武术文化传承的意义主要表现在以下三个方面。

（1）促进武术拳种流派的交流与新拳种的产生

传统武术文化的传承能够促进不同拳种流派的技术与文化交流，同时还能够在这种交流过程中产生新的拳种或者武术流派，如太极拳在自身的传承过程中逐渐产生了陈式、杨式、吴式、孙式、武式等不同的流派。武术在传承过程中会逐渐形成不同的流派与拳种，这是武术适应社会发展需要的客观需求。在传统武术文化传承的过程中，只有进行不断的创新才能够更好地适应社会的发展，但创新不能远离或抛弃传统。

（2）促进武术技术与武术文化的融合与发展

传统武术文化传承的作用主要是承接与传载文化，它能够实现武术技术、武术文化更好的继承和发展，并促进与其他文化的交流与合作。

（3）促进民族传统文化的持续发展

传统文化不仅是一个民族的重要特征，也是民族组成的核心部分，相应地，民族文化的传承是民族共同体形成与发展必不可少的一个环节。

任何民族的传统文化都具有传递与延续民族生命力的传承价值与功能，且文化传承能够发展本民族的社会组织，完善本民族的社会结构。而传承和发展武术项目，即传承武术文化，对我国民族文化及社会的发展都是至关重要的。

三、传统武术文化传承的方法

对于传承传统武术文化，可以采用以下几种方法。

（1）自然传承

按照文化现象展示出来的一些外在特点，一般把文化分成"原生态文化"和"次生态文化"两种。原生态文化是指早期的创新产物并一直流产到现在的传统文化，没有经过其他刻意的改变；而次生态文化是指以原生态文化为前提进行创新而形成的新兴文化。非物质文化遗产所留存的内容恰恰是原生态文化。由于引进了国外的体育文化，传统武术的发展也出现较大的改变，传统武术本身所具备的古朴、实用、精悍等特征正在逐渐淡化。面对这种情况，更需要加强对"原生态"传统武术的自然传承与保护，从而更好地实现对传统武术文化的传承。

（2）经济传承

非物质文化遗产不仅有着很好的科学价值、文化价值以及教育价值，同时还具有很好的经济价值。对传统武术文化这种非物质文化遗产经济价值的开发非常有利于推动人们对传统武术文化的保护。

（3）法律传承

传统武术文化的传承同样需要相关政府部门发挥其监管与指导的行政职能，通过保护传统文化传承者的各种利益来激发他们参与传统武术文化传承的热情，同时通过相关法律法规的实施来保护他们的合法权益。当前，我国政府所颁布的《中华人民共和国非物质文化遗产保护法》已经将具有多样性和复杂性的与非物质文化遗产相关的所有内容都纳入这部法律之中。要想实现对传统武术更加完备的保护，就应该建立并健全与传统武术文化相关的法律与法规体系。另外，采用现代知识产权制度对传统武术文化进行保护与传承也不失为一个良好的决策。

（4）自主传承

传承包括"静态"与"活态"两种形式，其中静态传承更加注重物质资料的保存，而活态传承强调的是可持续性发展，重点加强对传承人的保护。在非物质文化遗产的传承过程中，植根于民间社会的文化遗产传承人才是传承的主体，因此应该积极发挥传承人的传承自主性，禁止某些机构喧宾夺主的不良行为。由此可见，传承人是保护传统武术文化的重点，自主传承是传承工作成功进行的重要保障，因此在制定传统武术文化传承制度时应该为传承人能自主进行传承工作创造良好的条件，并对传承人的相关权利与义务进行明确细致的规定。

（5）物质传承

所有的文化遗产都包括"物质"与"精神"两方面，纯粹的"物质文化遗产"或"非物质文化遗产"并不存在。传统武术文化属于技能与技艺类的非物质文化遗产，但是也可以通过实物收藏的方式对其进行有效的保护。这种保护形式最大的优势在于，保存的方式更加直观、客观、真实并具有不可替代性，同时还方便进行展示。因此，对于传统武术文化的传承与保护应该始终着眼于"人"，同时也离不开传承人主动性的发挥，其关键就是口传心授的"传承"。传统武术文化的继承方式要遵守一定的原则，应以活态传承为主、静态保护为辅，在此期间还应该选择良好的环境来创建"传统武术生态文化保护区"等可行性的策略，实现武术的传承并还原其真实的特点。

（6）整体传承

传统武术在整体传承这种方法与策略上主要体现在两个层面：一方面指技能体系的全面性，另一方面指生存环境的综合性。所有的非物质文化遗产一般是由不同的技能与方法而产生的，如果仅仅重视一两项技能而忽视技能的全面性，那么即便保护得再好也不能够完整地传承这项技术。传统武术文化属于中国传统文化的一部分，它不仅包括习练方法、套路种类、技法运用、理论体系等内容，同时还包括门派典故、武林轶事、礼节仪式、练习口诀等多种形式，这些内容共同构成了传统武术的技能体系。因此，传统武术文化的传承是一种整体传承，同时也是以传统武术的产生背景为基础的。

四、传统武术文化传承存在的问题

传统武术的传承包括物质性传承、非物质性传承两种形式，而不论是哪一种继承方式，传承人都需要通过具体的武术实践来实现对武术文化遗产的继承。物质性传承，主要强调传承人对前人在武术活动中用过的拳谱、器械、服饰等物质器具的接收、保管或再使用；非物质性传承，主要强调传承者对前人在武术活动中所获得的体验、感受等精神经验的传递。和物质性传承相比，非物质性传承更具"动态流动性"。下面从非物质文化遗产申请的角度,对其不足之处进行具体说明。

(1) 类别归属问题

在国务院规定的首批非物质文化遗产名录中,传统武术范围内的少林功夫、武当武术、太极拳等都被纳入其中。经济性只是传统武术的一小部分功能,把它们一概称为"竞技",忽略了其丰富的文化内涵,这既不符合历史真相,又不利于传统武术的传承和发展。

(2) 申办内容问题

提出不严谨的申办内容,既不利于非物质文化遗产的申请,也不利于传统武术的传承。例如,张三丰作为武当武术的创始人,关于其存在的年代有北宋说和元明说两种说法,两种说法皆有纷杂的史料为证。在申报武当武术为非物质文化遗产的申办理由中,则可能会有着"武当武术的发源地在湖北武当山,其创始人是元末明初的武当道人张三丰"的不严谨说法。

(3) 传承人问题

在一些传统武术的非物质文化遗产的申报中,存在着传承人有争议的现象。传承人承担着重要的责任,若其不能原汁原味地对传统武术进行传承,势必会对该门派传统武术的继承和发展产生极大的负面影响。

(4) 评价机构问题

非物质文化遗产的保护较为繁杂,要求社会各部门具有较高的协调配合能力。加之国家体育总局和各地体育部门不在联席会议名单内,在很大程度上加大了非物质文化遗产种类划分和传统武术进入名录的难度。另外,评价机制也不完备,在"国家非物质文化遗产保护工作专家委员会名单"中,甚至不存在体育这一分类,更没有体育方面的专家人选,这极易引发传统武术归类不清等问题。

五、传统武术文化传承的典型方式

随着传统武术文化的发展,其传承方式也逐渐增多,其中具有代表性的方式有以下三种。

(1) 口传心授

这种传承方式是最普遍也是至关重要的一种方式。很显然,根据其概念可以从两个层面来阐述,即口传与心授。具体而言,口传是授技,心授则是授法,两者的侧重点是不同的。口传注重"形",倾向于传授训练方式、表演技能、演练技巧等;而心授则倾向于对武术的领悟能力,也就是指"只可意会不可言传"，因而要求加强人们之间的交流，尤其是思想与情感方面的交流。

（2）身体示范

身体示范与人们平常所说的言传身教意思相近，其与口传心授的区别主要表现在，口传心授较为注重内在的悟性，而身体示范则强调直接进行外在动作套路的教授。同样这种传承方式非常关键的一点就是，需要先将语言的内容表述出来，再训练动作上的内容。一般情况下，这种传承方式分为功力训练、演练技巧以及实战技能等，将不同的技能、方式、思想情感等都通过行为表现充分地表达出来。

（3）观念影响

传统武术的传承不仅是技艺方面的传承，同时还包括武术德行方面的传承。观念影响能够让武者感受到传统武术的武德熏陶，使其成为合格的习武之人。一般来讲，观念影响这一传承方法包括两个层面的含义，一个是宏观层面的观念影响，另一个是微观层面的观念影响。

如果人们在习练传统武术的过程中能够形成积极向上的风气，那么这就会对参与其中的人施加积极的影响，这就是所谓的宏观层面的影响。在微观层面，观念影响主要指的是在教授技艺的过程中，师父通过启发、训导、以身说法等方式向自己的弟子传输道德方面的规范。

六、传统武术文化传承的具体途径

一般来讲，传统武术文化传承的典型途径包括师徒传承、群体传承、学校传承、社会传承以及家庭传承五种形式。

（一）师徒传承

师徒传承，具体指传承者与被传承者聚合在一起，根据相应的职责与规定等等，通过技艺的传授而形成的传承方式。在中国，传统武术的流派有很多类型，大部分流派都是通过这种方式来进行传承的。

顾名思义，师徒传承的主体分别是师父与徒弟，传承的项目通常都是某种特殊的武术技艺，即"传承者（师父）—传承的项目（武术技艺）—被传承者（徒弟）"。从传承的方式这个层面来讲，师徒传承这种方式具体可以分为两个方面：一方面利用"口传、身传、心授"等方式来实现；另一方面指传承的效果，即在品质与技艺两个方面都进行传承。这种传承方式的详细表达如下：传承者（师父）—传承的项目（武术技艺、文化、品质）—（利用）口传、身传、心授（的方式）—被传承者（徒弟）—（实现一定的）传承效果（德艺双全）。此种传承方式被广泛地应用在民间，即使是到了现在也非常盛行。

（二）群体传承

群体传承是指众多社会成员共同参与传承某一形式的传统武术，在传习、继承的基础上使这种形式的武术运动能有所发展和创新。一般来讲，群体传承包括技艺传承与观念传承两方面。

中华传统文化也是在群体传承中实现发展的。传统武术作为传统文化的有机组成部分，其行为制度也自然会受到社会风俗与礼俗的影响，从这个意义上来讲，传统武术中的礼仪制度、规章戒律等同样是群体传承的结果。

在我国的非物质文化遗产中，大部分流派和方式都是按照群体的发展特点而进行创建的，并且是通过群体传承这种方式流传至今的，因此，现如今人们将这种传承方式称为"民间记忆"或"群体记忆"。

（三）学校传承

由于外部环境的变化，传统武术固有的传承方式面临着很大的生存困境，这种形式下采取学校传承的方式也是一种很好的选择。

学校传承与传统的师徒传承方式存在着很多相同之处。在学校中，称教授者为"老师"，这与师徒传承中的"师父"非常接近，只是"老师"是一种职业的传承，而"师父"是一种义务的传承。学校传承是传统武术传承的一种新式途径，它是在武术被列为校园教育内容之后逐渐形成的一种传承形式。学校传承对于传统武术的发展具有非常积极的作用，国家相关教育机构也非常重视这种传承方式，并且对学校传统武术的教育内容不断地进行完善，这就为传统武术的学校传承创造了很好的条件。随着社会的不断发展，学校传承这种方式对于传统武术文化的传承必将发挥越来越重要的作用。

（四）社会传承

随着社会的不断发展与进步，书籍、报刊、影视等媒介的出现为传统武术文化的传承提供了新的传承途径，即社会传承方式。这种传承方式主要是对良好的武术文化氛围进行营造，通过出版图书、发行杂志、竞赛较技等多种方式让那些对于传统武术有着浓厚兴趣的人能够以多种方式参与到传统武术文化当中，甚至进行文化的传承。媒体等在社会传承这种传承途径中也发挥着非常重要的作用，如一些电视台组织的武林比赛、武术教学等都是传统武术社会传承的很好体现。

（五）家庭传承

家庭传承在武术的发展过程中起到了非常关键的作用，也是传承的重要途径。家庭传承这种方式是必然存在的，与传统文化具有一定的联系。中国人不仅重视家庭关系，并且经常采取对家人的相处方式来处理自己的人际关系，进而促进了这种传承方式的有效发展与应用。家庭传承体现出封闭性、凝聚性、选择性等特征。封闭性主要指对不属于家庭成员的他人采取的排斥态度；凝聚性主要指在传承过程中，师傅占据主导的位置，师徒关系更加和谐凝聚；选择性主要指"传男不传女""立贤不立长"等。

第五节　传统武术文化传承的文化空间与环境

一、传统武术文化传承的文化空间

（一）传统武术文化空间的定义

"文化空间"，还可以称之为"文化场所"（Culture Place），是联合国教科文组织成员在讨论文化遗产期间所提出的一个专有名词，具体用来指人们语言表达和文化遗产的形态与样式。因为文化空间是文化遗产中经常会用到的专有名词，所以，在解释文化空间的定义时要以文化遗产为前提。

根据文化空间的概念可知，文化空间指能够体现出价值的文化空间或时间，也指有价值的传统文化活动或者民间文化活动能够实施的空间或时间，文化空间是被公认的，并被人们遵守与应用的场所。大部分文化空间都应该受到一定的保护。[1]

（二）传统武术文化空间的传承

根据文化空间的定义，可将其概括为有价值的传统文化活动和民间文化活动的空间和时间的总和。传统武术作为我国传统文化的重要组成部分，应当受到全力保护。就少林功夫这个传统武术项目来说，它的"文化空间"由少林寺这个特定的文化环境和僧人习武共同构成，和单一地保护少林功夫相比，保护少林功夫的文化空间更能满足非物质文化遗产的现实需要。也就是说，传统武术文化空间的传承其实就是对传统武术所有内容及形式的整体传承。

整体传承作为传统武术文化传承的必要条件，它要求既要保护传统武术的所有内容，也要保护传统武术的所有形式。传统武术文化是我国传统文化的重

---

[1] 蔡利敏. 传统武术文化透视与传承发展研究［M］. 北京：中国商务出版社，2016.

要组成部分，传承传统武术文化其实就是传承传统民族文化，因此，如何正确传承传统武术文化对文化界和武术界来说都是无比重要的。"文化空间"概念的提出，创新了人们对传统武术文化传承和保护的认识，甚至可以用"文化空间"的思想去理解传统武术的"师徒传承"关系。

和竞技武术的高速发展相比，传统武术在现代社会中的地位呈现下降趋势，正因如此，它的传承与发展刻不容缓。我国传统武术文化的传承具有全面性、整体性的特点，而传统武术技术的传承只是传统武术文化传承的一部分，所以，将文化空间这一概念引入传统武术文化的传承至关重要，一定程度上决定了传统武术文化的传承是否成功。

（三）传统武术文化空间保护的原则与措施

1. 武术文化空间保护的基本原则

（1）内容的完整性与真实性

一方面，文化空间的保护应该严格遵循与坚持整体保护的原则，应该对文化空间的完整进行相应的保护，而不能只进行片面、分割和单一的保护。这主要是由于，一旦文化空间中出现了任何缺损、破坏或者湮灭，都表明文化空间受到了严重的损伤。另一方面，文化空间中的文化形态与样式应该保持它们的真实性，维护并维持它被认定的文化价值与特性，即使是文化变迁也应该是真实的，应该是与文化发展规律相符的。

（2）生态性与生活性

"文化空间"的存在离不开地理、环境和生态等因素的影响，其具有文化生态性的特征，因此在对文化空间进行保护的过程中还应该对自然生态与文化生态给予高度的重视。

（3）动静结合

动静结合的原则要求"文化空间"的保护既要重视文化空间中的动态文化（如表演艺术等），也要重视文化空间中的静态文化（如碑刻等）。

2. 武术文化空间保护的基本措施

（1）申遗

申遗，即申报"联合国人类口头和非物质文化遗产""国家级非物质文化遗产"。通过这种方式，提升国民的民族自豪感，激发人们的文化自觉，使人们的民族自信心与自豪感不断增强，人们对于我国传统武术文化的认识也会更加全面。

(2)保护传统武术流派传人

由于传统武术的技术和文化都是动态存在的,因此,只有通过人与人之间的动态传承,才能实现传统武术文化的最大化发展。因此,对于传承人的保护是武术文化空间保护的关键所在。

(3)对"农村武术"加强重视

我国的武术文化广泛存在于民间,民间的武术又多存在于农村。与城市受到的西方文化的冲击相比,西方文化对农村的冲击相对较小,武术文化的生存环境要比城市有利。换言之,武术的文化空间主要存在于我国的农村之中,因此应该对"农村武术"给予足够的重视与关注。

二、传统武术文化传承的环境类型

传统武术传承人的生活和成长会受到社会环境因素的影响。一般来讲,传统武术的传承环境包括自然环境与社会环境两种类型,这两者之间相互影响、相互制约。武术文化传承的环境类型主要包括三个方面,即传承单位、传承基地以及文化生态保护区。

(一)传承单位

在非物质文化遗产的保护措施中出现了"代表性传承单位"这一提议,也就是说,社会上存在"普通性传承单位",而它们两者最大不同就在于"代表性"和"普通性",即精英和普通之分。要成为传统武术传承单位,往往需要具备以下条件:

①以传承和保护传统武术为主要目的,并经常性地进行武术比赛、表演等活动,增加人们对传统武术的关注;

②具备大量精通传统武术学术研究的传承人才,且需要具备较强的传承意识,能够积极有效地开展与参加各项传承活动;

③拥有必需的传统武术原始资料与实物,进行过相关的科学调研且取得了一定成效;

④获得了具有广泛性、代表性、影响性的公共认可。

(二)传承基地

传承基地对于传统武术文化传承的环境保护是极其重要的。对于传统武术的传承基地而言,学校是最方便且成效最大的一种形式。2007年,武术被列为中小学体育必修课程,传统武术的普及程度逐渐扩大。不过,传统武术进校园这一方法不利于培养传统武术传承人,学校教育并非终身制教育,这就意味着当学生毕业之后，如果不继续从事与传统武术相关的职业，则不可能实现传承，这也是学校这一传统武术传承基地的最大不足。

综合分析我国部分省市非物质文化遗产的保护试点案例可知，我们可以对"传承单位"这一核心进行适当外延，如若某一学校的武术系被确立为传承单位，则可以申报这所学校为传承基地，从而更好地实现传统武术文化的传承与发展。

（三）文化生态保护区

传统武术文化生态保护区是一种对武术文化中涉及的所有的人、物、环境进行整体保护的环境类型，其保护的范围主要包括相关的活动场地、相关的人群、相关的社区、相关的文化以及相关的环境等。由于传统武术文化生态保护区所涉及的内容众多，因此它的建设具有不小的难度。当前，传统武术文化生态保护区的建设在我国也正处于探索的初级阶段。

传统武术文化生态保护区与传承单位存在着一定的不同之处，前者的灵活性较差，会受到许多因素的限制。同时，生态保护区又不等于"武术之乡"，生态保护区的划分并不像"武术之乡"那样严格，但是成立之后就应该严格执行相关的保护措施。而"武术之乡"的评选也是对传统武术传承环境进行保护的一种方式，为了更好地达到预期的效果，一般会以举办武术竞赛的方式对传统武术的传承环境进行保护。但是，鉴于成立"武术之乡"后保护措施并没有绝对严格性与可持续发展性，因此应该提倡建立传统武术文化生态保护区。

由上述可知，在传统武术文化传承的过程中，首先应该具备符合一定条件的组织与团体形成传承单位，之后在形态保存完整、具有特殊价值、特色鲜明的民族聚居村或者特定区域建立传承基地和文化生态保护区，鼓励相关单位利用传承基地等多种形式进行武术文化的传承工作。

第六节 传统武术文化的传承管理

一、传统武术文化传承的管理机构

在文化传承的管理方面，有很多国家都设立了相关的管理机构，如亚洲的韩国和日本。早在1962年，韩国政府就已经成立了文化委员会，该委员会由文化遗产保护团体、研究机构以及大学的有关专家共同组成，另外还聘请了一些委员对文化遗产进行定期的审议。而日本也逐渐建立起了本国文化传承的相关管理机构。1950年，日本在文部省内组建了"文化财保护委员会"。1968年，日本将原来的"文化财保护委员会"改为"文化财保护审议会"。在地方上也都设有"文化财保护审议会"来对当地的文化遗产进行保护。除此之外，日本在无形文化遗产的研究方面还专门成立了"奈良文化财研究所"来对无形文化遗产的资料进行相应的调查和分析。

在我国，非物质文化遗产保护机构主要可以划分为四个等级，从低级到高级形成了金字塔的形状。在这四个等级中，高等级的常常能够得到很多经济方面的优惠政策，这也导致了很多非物质文化遗产项目为了争得高等级而采取不正规的手段申遗。因此，为了更好地规范与保护当前我国的各种传统武术项目，防止不正当申遗手段的出现，一些学者认为应该将传承管理的机构设置为三级机制，即国家、省、市三个等级。

另外，我国还应该借鉴日本与韩国在文化遗产保护方面的有效措施，政府应该设立传统武术传承工作委员会对我国传统武术文化遗产的保护工作进行有效的管理。传统武术传承工作委员会应该设置为国家、省、市三个不同的等级。其中，国家委员会负责对全国范围内传统武术文化生态保护区进行评定；省级委员会负责对本省范围内传统武术项目传承人、传承单位进行评定；市级委员会负责收集当地的传统武术项目，并对其入选资格进行严格认定。传统武术传承工作委员会不同等级之间并不存在隶属关系，这样有助于更加灵活地对我国的传统武术文化进行搜集与整理，相应的资格评定工作也能很好地开展，另外也便于开展一些非物质文化遗产的普查工作。传统武术传承工作委员会的主要工作是对传统武术文化进行认定与监督，因此相应管理机构的设置也更加具有灵活性。

总之，我国传统武术文化传承的管理机构的人员构成应该以文化遗产的相关专家为主，在综合多种客观因素的情况下对传统武术文化进行科学的认定。在具体的管理机制方面，应该依据联合国关于非物质文化遗产保护的相关文件的规定办事。

二、传统武术文化传承的保护性管理

（一）保护传统武术文化的紧迫性

我国在传统武术文化的保护工作方面虽然取得了一定的成绩，但是形势仍然较为严峻。具体来讲，我国保护传统武术文化的紧迫性主要表现在以下几个方面。

1. 传统武术传承的阻力

我国的传统武术运动有着非常悠久的历史，其产生于冷兵器时代，因此表现出明显的攻防技击性特征。发展到现代社会，传统武术所具有的这种攻防技击性逐渐减弱，其实用价值也在逐渐消失，加之西方体育文化的冲击，传统武术文化的发展与传承更加步履维艰。而加强对传统武术文化传承与发展方面的研究能够更好地对我国的传统武术文化进行保护。

随着当前经济社会的不断发展，传统武术所具备的价值也受到了较大的冲击，而与此同时其新的价值体系并没有建立起来，这就使得我国传统武术文化的发展不能够很好地适应社会经济发展的需要，从而导致我国传统武术的传承与发展面临着较大的危机。因此，加强我国传统武术文化的保护工作非常重要。

2. 与西方体育进行交流的急切形势

在经济全球化背景以及西方体育的影响下，为了促进我国传统武术文化的可持续发展，我国的传统武术工作者在武术竞技化方面进行了大胆的尝试与创新，同时也取得了一定的成果。

我国的传统武术工作者在传统武术的发展过程中也进行了很多改革，但是仍然有很多的困难需要解决。西方竞技体育有着其自身的优势，我国传统武术自身所具备的优势则很难发挥，传统武术作为现代武术的基础与母体被人们所忽视。要想让我国的传统武术文化获得真正的发展，面对西方体育文化的竞争而保持自己的位置，就应该不断充实武术的基础，同时还应该全面保护我国的传统武术文化。

3. 加强传统武术文化底蕴的重要性

与我国传统思想文化不同的是，西方体育思想更加注重竞技，在体育领域则表现为注重公平、规范等，强调外在表现以及最终的结果。只有真正融入竞技体育的体系当中，才能影响我国传统武术的多样化发展。另外，在传统武术向竞技化发展的过程中，传统武术的本质内涵也受到了很大的挑战。由此可见，加强我国传统武术的文化底蕴非常重要。

（二）保护传统武术文化的措施

保护传统武术文化的工作可以从很多方面来着手，所采取的具体措施主要包括以下几种。

1. 对传统武术文化遗产进行明确的定位

传统武术在当前社会仍然有着非常重要的现实意义与价值，它的健身方式与理念是无可替代的。但是，如今传统武术的传承与发展却面临着很大的危机，对于传统武术的保护工作也没有取得明显的效果，传统武术逐渐向着边缘化的方向发展。

面对这种情况，首先应该对传统武术文化遗产进行明确的定位，要做到这一点应该从以下几个方面着手。

①在发掘与整理传统武术的过程中，应该做到与时代的发展以及人们的需求相适应。具体来讲，就是应该彰显传统武术所具备的健身价值与修身价值，更好地突出其在全民健身方面的积极作用。

②应该确定传统武术文化的重要地位，并在此基础上对武术文化进行积极的改革与创新，促进传统武术文化传承与保护工作的落实。

③应该深化发展传统武术的文化内涵，使作为非物质文化遗产的传统武术与《保护非物质文化遗产公约》的相关条约和精神相契合。

2. 进一步挖掘传统武术的自身优势

传统武术的发展越来越偏离正常的发展轨道，从而造成了唯竞技化的偏向，应该及时纠正并扭转传统武术的这种发展模式。

首先，现代竞技武术的发展与传统武术的保护都非常重要，应该正确处理两者之间的关系，必须在扬弃与创新传统武术的基础上发展现代竞技武术。就目前的情况来讲，应该对我国传统武术进行全方位的梳理，只有这样才能够更好地对传统武术与现代武术进行判断与选择，这是一项必要工作。

其次，应该在保持传统武术自身特色的基础上积极借鉴外国成功的发展模式。当前，我国在发展传统体育时往往是全盘的照搬而不是有选择性地吸收借鉴，这样并不能从根本上推动我国传统武术的发展。正确的做法是，在有选择性地借鉴外国成功发展模式的同时还应该注意挖掘民族传统武术的自身优势，只有这样才能更好地保持自身的传统特色。

最后，还应该有效结合传统武术文化的相关市场进行传统武术文化的开发与保护。具体而言，不但应该加强对传统武术优势项目的市场开发，将传统武术所蕴含的经济价值更好地挖掘出来，而且传统武术作为一种文化存在形式，应该尽可能避免急功近利的行为。此外，还应该以发展的眼光看问题，不断加大对传统武术文化保护工作的相关投入，注重传统武术文化的长久效益。

3. 构建保护传统武术文化的完整体系

振兴传统武术文化并不能够一蹴而就，这是一项长期艰巨的任务。在发展传统武术文化的过程中应该对传统武术文化进行深入分析与总结，逐步构建起完善的保护体系。构建保护传统武术文化的完整体系应该从以下几个方面着手。

（1）重建理念

在传统武术文化的传承与保护过程中应该坚持以科学的现代化理念为指导，只有这样才能确保传承方向的正确性。

（2）重建方法

当前对传统武术的保护所面临的一个重要问题就是保护方法与手段方面的创新，传统的保护方法与手段并不是完全不可取的，要适当地选择运用并富于创新。

（3）重建队伍

对于传统武术来说，重建工作的重点是人才队伍的建设。当前要想切实保护好传统武术文化，应该重点培养一批可以熟练掌握传统武术运动技术的继承者。另外，在培养传统武术人才的过程中，高等学校也发挥着非常重要的作用，应该加以重视。

4. 加强对传统武术文化知识产权的保护

保护传统武术文化，首先应该对传统武术传承者的知识产权进行有效的保护。以往民间工艺尤其是具有较高技艺与价值的东西，常常是采取家庭内部的传承方式，同时还有传男不传女的规定，这主要是怕被外人学到之后夺走家族世代相传的饭碗，这实际上是民间保护专利的一种方式。

包括传统武术文化在内的很多中国传统文化在当下很多时候都遭遇到了严重的发展危机。面对这种情况，应该积极倡导对传统武术文化知识产权的保护，更好地保障相关从业人员的经济权利，逐渐使自发、被动的传承行为变成自觉、主动的传承习惯。

第七节　多元视域下传统武术文化的传承

一、多元文化视角下传统武术文化的传承

在社会的不断发展中，因为发展历史、地理环境等方面的差异而形成了丰富多彩的多元文化。文化的多元化趋势在经济全球化的今天体现得非常明显。不同国家、民族都形成了本国或本民族文化。在这一背景下，我国传统武术文化的传承与发展离不开对世界其他优秀文化的借鉴与吸收，当然这是建立在承认世界文化多样性和保证我国传统武术文化特色的基础上的。在多元文化背景

下可通过以下几方面的策略来推动我国传统武术文化的传承。

（一）加强中西方文化交流

在经济全球化时代，丰富多样的文化和意识形态相互摩擦与碰撞，人们也达到了一定的价值共识，这为世界文化的繁荣提出了基础与前提。我国传统武术文化对世界文化的繁荣发展起到了不可磨灭的作用。调查发现，现阶段世界上开展武术运动的国家与地区已经超过百个，这极大地促进了我国武术运动的对外发展与世界体育文化的繁荣。此外，世界上邀请我国武术教练去担任武术教练员或指导员工作的国家和地区也不少，而且很多国家都派了专门人员来我国习武，我国也经常派武术代表队去不同的国家表演，并派相关人员去推广与传授我国传统武术运动，这样，中西之间的文化交流就显得日益频繁。

随着我国武术运动的发展及其国际影响力的扩大，国际武术联盟成立、国际武术联合会等多种形式的组织在各国武术组织的共同倡议下相继成立，许多亚洲武术锦标赛和国际武术邀请赛都是由这些组织承办的，可见武术组织对推动武术文化的发展和交流具有突出的贡献。

各国优秀体育文化的融合促进了国际体育运动的火热发展，而且各国体育取长补短，促进了国际体育发展的多元化。国际体育中，各民族体育文化形式的共存体现了竞技体育的平等、竞争、公平、公正性等精神，这些精神与我国传统武术文化相互交融与碰撞，有力地影响了传统武术文化的传承与发展。

（二）促进多元文化和武术文化的融合

各民族对自身文化的客观认识与理解存在一定的局限，而且很难全面深入地理解本民族文化。通过多元文化的交融来加强对自身文化的认识与理解是突破这个难点的关键，在多元文化视角下认识本民族文化，能够在更高的深度上得到相应的理解，如此才能从自身文化及支撑这一文化的价值中获得自由。异质文化之间的交融与接触是实现文化融合的基本途径，在这一途径中，各种文化相互尊重、互补互利、相互促进，并在此基础上为了共生和共赢的目标而共同努力。在人类社会的发展中，文化融合与文化冲突的存在都具有客观性，而且文化的这两方面变化趋势都深刻地影响了人类的发展历史，但影响的结果却不同。文化的融合促进了人类的和谐发展，使人们有机会对各种优秀文化进行欣赏。

中华民族的传统文化精神在我国传统武术文化中有集中的反映，我们在加强武术文化与其他文化相互融合的过程中，应该对武术文化的相对独立性进行维护，并在融合过程中对我国武术文化的独特本质加以充分地认识，唯有如此才可以在世界文化中明确我国传统武术文化的定位。

全盘西化和排斥传统文化的观念曾长期影响着我国文化的发展，包括武术文化在内的中国传统文化也因此而遭受了重创。造成这一局面的原因不仅在于我国传统文化裹足不前，更在于人们思想与价值观存在盲目性。因此，在之后的传统武术文化发展中，人们应克服盲从的认知，以辩证的视角来推动武术文化与其他文化的融合。

（三）倡导全民健身，举办民族武术交流活动

在市场经济环境下，社区民族武术运动的发展离不开对全面健身的倡导和相关交流活动的举办。武术运动在我国拥有广泛的群众基础，然而社区武术组织却长期处于松散状态，组织与管理方面的工作还不到位。武术协会的举办在我国取得了一定的成果，其在国外的发展前景同样一片光明，因此，要推动我国社区武术的国际化发展，促进我国武术运动在更大的舞台上展示魅力，就需要开展相应的国际社区武术协会。

在发展社区武术的实践过程中，要加强对社区武术健身理论体系的构建，对有效的健身方法进行科学选择，对短小简练且易学、易推广的武术套路进行创编，从而使社区居民在参与过程中达到良好的效果。社区武术具有突出的通俗性及广泛传播性特征，这正是其顽强生命力的表现。社区武术的文化孕育氛围具有独特性，因而其不仅健身功效显著，而且文化内涵丰富。社区居民参与该项运动锻炼，不但可以增进健康，而且能够从中对人生的真谛进行感悟，从而获得身与心的全面放松。随着社会的日益进步以及和谐社会构建进程的不断加快，传统武术的社会发展面临着新的机遇，传统武术要在这一机遇中实现健康快速的发展，就需要充分发挥自身在全民健身中的价值与影响，促进全民健康素质的提高。

（四）保持文化个性，推动文化发展

在经济全球化大背景下，国家和民族的文化都需要置身于世界文化的大家庭中才能获得新的突破与发展，因而传统武术文化也要摆脱传统的封闭发展模式，加强与世界文化的交融与融合。

各民族传统文化在与世界文化融合的过程中呈现出了新的发展特征。各民族文化的相互交流与融合进一步加强，民族文化只有保持一定的开放性才能获得更长远的发展。世界文化的存在与发展离不开民族文化，但在全球环境中，民族文化的发展也可能会以牺牲自身风格与个性为代价。当前我国积极倡导与国际接轨，接轨的过程中我们首先要保护好文化的民族性，倘若文化的民族性

与风格丧失,那么我国的文化也就毫无生命力可言。

多元文化共同构成丰富多彩的世界文化,世界文化的发展实际上就是各民族多元文化的发展。世界文化的形成与发展以民族文化为基础和前提,没有这一基础,世界文化无法形成,更谈不上多元发展。

综上,在经济全球化的今天,人们应对传统武术文化进行积极的弘扬,促进武术文化中民族精神实质的不断深化,在保持传统武术文化个性的基础上促进其在多元文化浪潮中的进一步传承与发展。

二、现代教育背景下学校武术文化的传承

民族传统教育的发展离不开学校,因而,在学校中传承与发展传统武术文化是一项非常有意义的战略性措施。从历史上来看,我国传统武术的传播范围主要是民间下层社会,学校武术在整个时期几乎都不存在。这就制约了武术向上层社会的传播。只有在学校教育中引进武术,利用学校这一平台来传播武术,才会增加社会名家接受武术教育的机会,也才会使这些名家在武术发展中发挥自己的作用。现代教育日益普及,人们步入社会前几乎都要先在学校接受教育。可见,人多且集中的学校对于武术运动的传播与发展而言是一个最为关键的阵地。学校拥有大规模的传播空间,许多体育运动项目都是从学校开始慢慢发展的。

当前,我国竞技武术的发展取得了一定的成果,但学校武术的发展情况却不容乐观。通过学校教育来传播与发展武术运动是我国传统武术持续健康发展的基本出路。具体而言,学校武术文化的发展需要开展以下几方面的工作。

(一)开设武术课程

在学校体育中开设武术课程首先要得到教育部的支持。传统武术运动真正进入学校阵地需要对师资和课程内容这两个重要问题进行解决。师资问题实际上也就是武术运动的传播者问题,即学校需要对专业武术教师进行配备。课程内容问题也就是传播内容问题,即在学校对哪些武术内容进行传播。当前,发展学校武术已经引起了我国武术运动管理中心及教育部门的重视,而且初步取得了良好成效。需要注意的是,在设置学校武术课程内容时,必须与各级院校学生的体质要求相适应,对具有体育性、文化性、安全性及娱乐性特征的武术内容进行设置。

(二)发挥武术文化教育功能

作为一种文化艺术项目,传统武术具有突出的文化教育功能,这一功能的

发挥有利于促进民族精神的弘扬和民族凝聚力的增强。

一直以来,在社会主义文化建设中,通过文化艺术来对民族精神进行培育和弘扬都是一项重要课题。保存与维护民族文化艺术,促使其走向世界,都是在对民族文化与民族精神进行弘扬。有关部门之所以提出在学校中对民族精神进行弘扬,主要是因为我国各级院校长期以来都一味重视应试教育,而将素质教育忽视,从而使青少年很少有机会了解中国传统文化,而且数典忘祖的现象也逐渐开始出现。传统文化教育的缺失,使我国青少年没有树立起良好的世界观与价值观。如果没有优秀的传统文化与高尚的民族精神引导青少年的发展,那么青少年就很容易走入迷途。在这种情况下,必然要针对青少年开展传统文化教育,对其民族精神进行培育和弘扬。民族精神教育不仅要渗透在文化课中,而且要在体育课中渗透。武术教育是文化教育和身体教育的有机统一,武术运动蕴藏着丰富的传统文化内涵,因而通过这一教育形式更有利于弘扬民族精神,开展该项目的课程教育更有利于促进传统文化教育的高度落实。总之,向青少年弘扬民族精神的目标在武术教育中能够更好地实现。

在学校武术文化的传承与发展中,要加强对武术教育功能的充分发挥,使其在弘扬民族精神、增强民族向心力方面做出应有的贡献,这是学校武术教育的一项重大使命。

(三)开展学校武术比赛

学校武术的发展需要一定的动力来支持与督促,学校内外武术比赛的开展就是非常有价值的动力。通过举办比赛能够对武术运动进行传播,吸引更多的人参与其中,从而扩大武术人口。开展学校武术比赛有众多形式可选,如全国比赛、地方比赛以及大、中、小学生比赛等。

(四)实行组织传播方式

学校在开展武术课程、传播与发展武术运动的过程中,可建立武术协会并实施会员制,使学校武术运动的开展更有组织性。许多体育项目在学校传播都是通过组织的方式进行的。

此外,针对学校武术运动开展不容乐观的问题,可实施武术会员制,以此来更好地向青少年传播武术运动。实施武术会员制重在引导,该制度的实行要有计划有步骤地全面落实,尽可能在各级各类学校都实行该制度。学校各武术组织要将开展校园武术比赛的工作重视起来。

三、现代社会背景下社会武术文化的传承

传统武术文化传播的最大阵地就是社会。向社会传播武术文化，能够使武术人口增加，促进武术群众基础更加广泛，从而为竞技武术的发展奠定良好的基础。传统武术文化专业性组织传播的典型代表是武术馆校。我国的武术馆校已有很多，每年都有来自武术馆校的毕业生走进社会，他们对武术文化的传播、普及与发展具有重要的作用。所以，在现代社会背景下，社会武术文化的传承与发展要将重点放在武术馆校上。

（一）秉承"诚信传播，教武育人"的原则

作为重要的武术文化传播组织，武术馆校极具专业性。武术馆校在对武术文化进行传播的过程中，首先要做到诚信，不可以用虚假广告来进行传播，这是欺骗行为。同时，要对武德的传播予以一定的重视，促进武术教育功能的强化与发挥。在武术馆校接受武术教育的学生应讲武德，为社会做出自己的贡献。武术馆校重视传播武德，会实现明显的社会效益，但如果不重视传播武德，不仅会对武术馆校的可持续发展造成制约，还会危害社会的发展。武术馆校要将自身的育人功能积极发挥出来，同时将文化课程的教育充分重视起来，这不但能够促进习武者文化素养的提高，还可以吸引更多的人在武术馆校接受教育。在国外武术类项目中，成功传播的武术项目都具有突出的教育功能，因而才使家长愿意将自己的孩子送到那里接受武术教育。所以，我国武术馆校一定要以"诚信传播，教武育人"为基本办学准则，从而更好地发挥武术馆校的教育作用。

（二）促进武术"健康娱乐"功能的发挥

健康与娱乐是新时代体育的发展走向，而且认为人类对体育的基本要求也体现在这一走向上。为了满足人类对体育的要求，武术传播中要注意促进对武术健康功能和娱乐功能的发挥，在社会上广泛传播适合健身和娱乐的武术技术，从而使更多的人在参与武术运动的过程中获得健康与快乐。

（三）有针对性地传播武术文化

武术文化的传播要有针对性，只有针对某一群体或不同的传播对象进行传播，才能使武术文化传播的内容和形式与该人群的需要相适应。木兰拳在社会上的传播之所以能够成功，主要就是因为其以中年女性为特定的传播对象，从而采取有针对性的传播措施。

具体来说，在社会上有针对性地进行武术文化传播需要注意三个方面，首先根据人们参与体育锻炼的目的进行传播；其次根据人们参与体育锻炼的态度

进行传播；最后根据人们对不同运动特点的需要来进行传播。

（四）实行组织传播

历史上很早就有通过组织的形式向社会传播武术的事例，而且都取得了一定的成效。宋朝社会武术传播的组织中，规模比较大的有"锦标社""角抵社"等。清代社会武术传播的组织形式也有很多，其中最为典型的是武术秘密结社。近代，"中华武术会""精武体育会"等是社会武术传播的重要组织，这些组织在武术的社会传播中发挥了积极的作用。现代社会中以组织形式进行武术社会传播的成功范例也有很多，木兰拳协会就是其中之一。

社会武术传播主要以组织传播这一形式为主。《中华人民共和国体育法》中对"体育社团"的作用进行了多次强调，这说明法律充分保护体育的社会化。作为优秀的民族传统体育项目，武术的发展离不开对多种形式的武术组织的建立。因此，传承与发展社会武术，需要加强对社会武术传播体系的建立与完善。

武术组织传播这个概念很广泛，既包括大组织，如中国武术协会，也包括小组织，如小区武术组织。不管是何种规模的组织，只要其对于武术的传播有积极的作用，就会受到法律及相关部门的保护。

（五）促进段位制、会员制传播

我国武术运动的社会传播离不开段位制的作用，段位制是传播武术运动的一项有效策略。实行段位制，实际上就是通过武术技术设级来对人们的成就感进行激发，从而对武术运动进行由浅入深的传播。跆拳道、空手道等项目通过实行段位制而取得了良好的传播效果，借鉴这一成功经验，我国武术运动的社会传播中也开始积极实行段位制。将段位制运用于武术运动中，需要对武术技术标准进行科学研究，并面向大众设立段位考试机构。武术段位制只对武术界人士适用，并不适用于社会大众，这是错误的观点，只有面向大众，才能起到更好的社会传承效果。作为一种组织传播的模式，会员制在各行业、各领域的使用非常普遍。保障会员能够获得优惠权利是会员制得以发展的关键。在武术的社会传播中，可将会员制与段位制结合起来进行实行，这样或许能够取得更好的传播效益。

（六）加强社会武术指导员制度的实施

社会体育指导员等级制度自从被国家体育总局提出后就得到了迅速的发展。作为社会大众中的体育固定传播者，社会体育指导员对社会体育的发展起着关键性的影响。

通过调查发现，我国社会大众中，希望自己在体育锻炼中有人指导的占绝大多数，只有很少的人不希望有人指导自己。但实际上，真正受到指导的锻炼者只有少数，大部分人都是自己锻炼，没有得到指导员的指导。这表明，我国目前的社会体育指导员数量少，不能满足人们健身锻炼的要求。

社会体育指导员制度的实行对于武术的社会传播非常有利，社会武术指导员制度的实行需要由国家武术主管部门先制定相关政策。作为重要的武术传播者，社会武术指导员面向的是社会大众，武术在社会上的传播程度与效果直接受社会武术指导员数量和质量的影响。

我国实行社会武术指导员制度，需分项目进行，如形意拳指导员、木兰拳指导员、太极拳指导员等。此外，社会武术指导员制度的实行可与武术段位制相结合，达到一定段位的人可获得相应等级的社会武术指导员资格。

第五章 传统武术文化与武术教育

中华武术博大精深，源远流长。中国武术与古典文学有着密不可分的联系。文韬与武略至少在2000多年前，就如手足一般，缺一不可。现如今，在众多高校教育中，传统武术处于日渐式微的状态。高校武术教学是传承传统武术文化的重要途径之一，而武术教育对学生日后的发展也有着重要意义。本章以武术教育概述为切入，重点论述武术教育的原理、武术教学的方法与要求和传统武术文化的教育传承。

第一节　武术教育概述

一、武术与武术教育

武术，自古以来，就是人们制敌防身必备的手段，是先贤们智慧的结晶，是我国传统的文化瑰宝，同时也是我国的传统体育之一。在时间的长河中，随着社会的进步和生存条件的改善，武术也在不断地发展。现如今，虽然武术的形式和内容相对于传统武术有所差异，但是对于武术的概念和本质，始终没有变。

不同时期，武术具有不同的内涵，主要有以下几个方面：第一，技击功能；第二，健身强体，将运动形式分为格斗和套路两种；第三，内家功法、外加功法；第四，属于我国传统体育。将武术视为一个具体类别的运动，而忽视它自身具有的文化属性，以及独特的"武德"精神，或者对于武术的教育，仅仅注重形式，而忽略它蕴含的中华民族传统文化，也就忽视了武术对培养综合素质人才的巨大价值[1]，因此，应该将武术视为传统文化和传统体育。

综上所述，武术是一种无限制制敌、防身的手段，通常以搏斗、套路、养

---

[1] 方方，谭炳春. 武术教育[M]. 长春：吉林大学出版社，2012.

生功法等为主要的形式。习武之人讲究内外兼修，同时，武术也是中国传统体育项目。发展武术教育，要秉承发扬武术文化的理念。

二、武术教育的思想演进

人类的一切文化活动，由思想所支配。思想潜藏在事物背后，引导文化的发展，反过来制约人们的行为，从而影响社会。例如，现代与古代的地标性建筑，在历史的车轮中，总会沾满岁月的风尘，显得陈旧而古老，但这其中蕴藏的民族精神，却无时无刻不在提醒人们，不要忘记历史，要不停地努力壮大、发展。中国武术就是民族文化的一种，毫无疑问，它是我国优秀民族文化的一部分，只有将技术和文化进行有机结合，中国武术才能实现真正意义的弘扬和继承，从而迈向世界舞台。

教育，本身就是一种意识活动。在原始社会中，人类处于蛮荒时期，虽然此时没有文字，但人类用劳动实践开展教育。因此，教育是人类发展必不可少的一部分。社会文化中，武术占据重要的位置，在不同的历史阶段，武术的发展对自身都会产生抑制或促进作用。

自我国实行改革开放政策以来，与世界各国的合作交流越来越多，中西方文化互相交融、碰撞。现如今，人们对文化的研究已经成为一个热点课题，武术自然成为人们关注的对象。武术作为我国文化不可或缺的精神，传承着优秀的民族文化，这种观点被越来越多的人所认可。不难看出，全球范围内的文化竞争日益激烈，如果把武术仅仅视为一种体育项目已经远远不够。必须将武术的发展与文化结合起来，将它蕴含的文化魅力、文化内涵、文化价值等揭示出来，让更多的人认识到武术不仅能防身、健身、修身养性，还能获得传统文化的精神气魄。

现如今，我国高校开展的体育课程正在由项目教学转变为项目教育，体育教学的内容也开始由技能学习转变为文化传承。将科学教育和人文教育有机结合，成为时下体育教育的主流模式。武术课程要跟随时代步伐。在教学理念上，武术课程要上升至武术教育的高度，秉承以人为本的观念，培养人文精神和科学精神健全发展的人。

第二节 武术教育的原理

《全国普通高校体育课程教学指导纲要》提出"健身性与文化性统一"的原则。对于武术类课程的定义是，该课程是以攻防技击动作为练习手段，以武术知识、武术技能和民族文化为主要内容，融健身、防身、修身为一体的体育实践性课程。课程的总体目标：使学生了解武术类运动文化特点，传承民族文化；掌握基本的防身自卫知识和技能；成为热爱祖国、热爱体育事业，弘扬民族精神，具有一定教学能力和运用武术类运动方法进行强身健体指导的体育教育人才。其中，"掌握基本的防身自卫知识和技能"需要"科学"；"了解武术类文化特点，传承民族文化"需要"人文"；"成为热爱祖国、热爱体育事业，弘扬民族精神，具有一定教学能力和运用武术类运动方法进行强身健体指导的体育教育人才"需要"人文"与"科学"相融合，这就需要深入研究如何将科学与人文融合的体育原理体现在武术教育过程中。

一、人文原理解析

学科的发展，其出发点都是由人性所决定的。工业革命后，科学技术改变了人们的生活水平和劳动方式，推动了人类文明的进步。但是，人类追求经济发展的同时，忽视了生态环境，给地球的生态平衡带来了严重威胁，付出了巨大的代价。人们在承受生态变坏的恶果和丧失精神家园的痛苦之后，才逐渐明白，要实现人类的幸福，必须要坚持经济可持续发展和社会进步。在人类发明的这些强大科技面前，西方的先贤如帕斯卡尔、苏格拉底、爱因斯坦等，都提倡"从科学走向人文"。由此可见，人类的发展需要秉承人文精神，要将人文科学放在重要的地位，并进一步强化对科学技术的人文调控，确保人文发展[①]。

"人文"一词最早出现于《易经·贲卦·辞象》："刚柔交错，天文也；文明以止，人文也。观乎天文以察时变，观乎人文以化成天下。"又如，《后汉书·公孙瓒传论》有云："舍诸天运，征乎人文。"其中"人文"，喻指人事条理，而"化"则有教化、风化之含义，显露出人伦至上、道德经世观念的端倪。而孔子将道德教化进一步提升，强调社会要有秩序，强调人群之间要和谐，强调个人要有道德修养。这是中国人的人文精神之源。中国的人文主义是建立在人和自然的和谐之上，人文精神表现为探索人性、人生、人权、人的本质以及人在世界中所处的地位，提倡关心人、爱护人、重视人的价值，维护人的尊严，遵循人的本性。它"强调用文化的力量教化人"。

（一）武术的人文内容

中国武术，蕴含着中国优秀的传统文化，有着完备的技击理论、深厚的哲学思想，具有很强的攻防和健身的实用性，一招一式之间，结合了诸多的文化

---

① 王国成. 传统武术文化传承与发展研究［M］. 北京：华文出版社，2017.

形态。武术教育，最终的目的就是追求道德与技术、人与自然、心理与身体的和谐统一，从各个角度和方面展示中国文化蕴含的深刻人文精神。武术教育尤其对道家文化——天人合一的思想非常推崇，这在武术中有鲜明的体现。武术注重自然，遵循自然的规律，探寻人体自身和宇宙的联系，武术的大成境界就是人与自然合而为一。遵循自然、顺应自然，是武术基本原则。

习武之人，要以除暴安良、匡扶正义、保家卫国为宗旨，不能恃强凌弱，为非作歹。其中流露出的浓郁的人道主义精神，也与中华民族诚朴、善良的美德相符。因此，武术讲究内外兼修，品德修养和武艺锻炼合而为一，习武也就是修身，将习武当成锻炼人的修养和品德的重要方法。习武之人必须要经过长期的艰苦锻炼，才能功参造化。

对于品德方面，要求厚德载物，即以礼待人、立身正直、忍让、谦和。对于从政管理国家，需要修身为本，追求高尚的品德和精湛的技艺。学习武技要德艺双修，达到内心的平静，寻找精神世界和物质世界之间的平衡，实现社会与个体的和谐。

追溯武术教育的历史，无论在哪一个时期，武术的发展都将对人的思想品德的培养放在首位。例如，在历史上赫赫有名的霍元甲，成立精武体育会，并宣扬武术没有门户之争，将武术纳入体育之中，号召民众参与，强化国民身体素质，霍元甲先生力挫外国大力士，弘扬修身、爱国、助人、正义的武术精神。现如今，在应试教育和体育竞赛的影响下，人们对武术的人文观念，逐渐削弱。从价值方面考量，体育教育仅仅将武术作为强身健体的一种方式。现如今，随着科学技术的发展，武术的发展面临着艰难的困境。对于心理健康、身体健康，还有社会适应性等，这些也不只有武术能做到。武术有利于提升人们生活品质、创造文化、构筑美好的人文世界。从价值方面分析，武术能够优化人的人格和心理，增加幸福感，证明人的价值和生存的意义，强化人的内心，促进人的全面发展；从价值评估方面分析，武术更注重民族、精神、主体等；从价值形式方面分析，武术可以塑造人的价值观念、心理素质、文化成果和文化人格。

（二）注重武德教育

我国教育体系中所提倡的"素质教育"，实质上就是把学生作为教育主体来接受教育的过程，以充分激发学生的学习积极性，并且鼓励学生努力参与各类教育，使自己真正成为学习的主体。对于素质教育，如果从高站位上来说就是对于国民的一种教育，如果从最贴近生活方面来说，就是对学生本人进行因材施教，以充分彰显学生的个人性格的一种教育方式。这里所讲的实施武术教育，就是要以教育的根本目的为出发点，以塑造学生的健全人格、培养其正确的思想修养为目标，彻底摒弃一些为了教育而教育的简单想法，把教育的育人功能充分发挥出来，要通过对受教育者的培养，逐渐帮其建立正确的世界观、人生观和价值观。在对其传授武术技能的同时，通过不断净化其思想修养，使其意识到，习武首先要遵守武德，只有同时兼具了文韬武略，才可以称为一个真正意义上的武者。

在高等学校教育的武术教学中，在对学生进行武术技巧的教学时，要更加注重对学生进行武术道德的传授。在当今社会，我们国家的法制更加健全，法制化的社会环境对国民素质提出了更高的要求。因此在对学生实施武术教学时，在注重传授武术技巧的同时，更重要的是要对学生进行武德教育。只有同时具备了武技和武德的习练者，才可以算得上是一个真正的习武者。武术在我国有着悠久的历史，但因为一些特殊条件和环境的局限，对于武德的传承受到了一定的影响，显示出特有的地域性，甚至出现了一些在道德领域偏离的不良现象。因此，对习武者开展武德教育显得尤为重要。

（三）注重身心与个性的发展

对于武术类课程的讲授，要对学习者的身体和思想同时进行传授，要使他们同时兼具高超的武术技巧和良好的道德修养，要让习武者在提高自身本领的同时，不断增强其责任意识。最终借助双方的互动，把一些理论知识，例如与人的安全、生活、生命和生存息息相关的知识等传授给学习者，倡导他们要珍爱生命，善待他人，还要把这种理念不断地发扬光大。

在对学生进行武术教学时，要充分尊重学生的人格和自尊，要以学生为本，以学生为主体，所以教学时要体现学生的个性特征，要从学习者的学习兴趣出发，要充分彰显他们的个性和人格，让他们在学习武术的同时充分发挥出其主观能动性，把武术教学寓教于乐，让学习者在学习武术的同时，感受学习的快乐。要把学生作为活生生的真正的传授对象，只有这样，才能真真正正地把武术教学开展好。

二、科学原理解析

尽管教育本身的目的是服务和培养人才，但是如果教育出来的人无法利用其在受教育阶段所学到的知识和技能来使自己在社会当中生存和立足，那么这种教育势必是一种失败的教育。由此可见，在一门教育体系课程当中，对其所涉及的专业知识教育进行合理的设计是非常重要的。这些知识已经不再仅仅包含于某一特殊领域当中，不再以让学生掌握运动技能作为最终目标，而是变得范围更加宽广，旨在使学生掌握整个人体学科领域以及与之有关的内容。

进行适当的体育锻炼，有利于增强人们的健康水平，提高其身体素质。在早些时候的人们看来，健康就是身体的各种生理指标达到合理的标准，没有重大疾病以及残疾或畸形等，其实这只是狭义的健康观。现代科学健康研究表明，一个真正健康的人，除了生理上需要符合以上特征外，还应具备一个良好的心理状态，这里的"心理"包括人的智力、情绪、精神以及意识思想等方面，所以当今社会越来越倡导人的身心健康都要得到全面发展。

随着社会的进步，社会属性在人类身上体现得越来越明显，成为判断一个人健康与否的标准，包括对社会的适应性以及在人际交往之间所表现出来的应付能力。在20世纪，世界卫生组织就把一个人从生物、心理和社会这几个方面所表现出来的状态作为评判一个健康人的标准。在当今的新课标课程中，人们通过对课程的内容体系进行更进一步的详细分析，设定了身体健康、心理健康、运动技能、社会适应以及运动参与等学习领域范围，这样的划分会更有利于实现课程所要达到的教育目标以及发挥出其健康育人的作用。

在进行武术教学的时候，教师必须遵循学生身心健康的客观规律来开展教学活动，这些教学活动包括教材的编排以及课程内容的确定。武术的教学不仅要使学生身体当中的生理指标得到锻炼和增长，更要注重学生心理的发展，最终实现学生身心健康的全面发展。这就要求教师要从学生的心理、生理以及社会观等各方面去全面地了解学生，通过合理地安排教学内容和选取适当的教学方法来提高学生的身心素质和体质健康水平。同时对学生进行武德教育和正确的心理培养，可以使学生更好地处理人际关系，最终成为一个具有创新实践和自学能力的社会适应性武术人才。

第三节　武术教学的方法与要求

一、武术教学的方法

（一）指导的方法

1. 讲解法

教师在讲解时，要做到明确目标，突出重点，语言简练。教师应根据讲解内容的变化使用不同的讲解方法，在特定的时机下使用具有一定趣味性和启发性的语言会提高讲解的效果。

（1）讲解的内容

①基础的技巧方法。武术动作的技巧和方法都是有规律可循的。例如，在腰侧抱拳的时候拳心是朝上的，在做推掌或冲拳等动作的时候则还要配合着顺肩或者拧腰等其他动作。

②动作的规格。为了使学生的动作规范，教师在讲解时示范动作的规格一定要达到标准的程度。

③攻防的意义：学生想要精准地理解动作的含义、动作的精髓、使用的方法，就要事先明白学习武术动作的实质。

④关键的环节：为了帮助学生迅速地学会武术动作，教师要把握好动作的关键点。

⑤容易犯的错误：对于经常犯错误的动作要进行详细分析，可以预防错误的二次发生。

（2）武术的讲解方法

①使用专业术语进行讲解。一般采用动作名称或者武术的专业术语这两种方式进行讲解。动作名称一般是根据所做出动作的结构或者形象而命名的。动作名称大多数能够从字面意思上理解出动作的形式。例如"马步架打"，动作名称通常是由下至上，先表述下肢再讲上肢，整体配合所构成的名字。

②利用武术的形象化进行讲解。为了更方便地记住无数的动作，通常会使用自然界当中的事物进行描述。举个例子：将"仆步穿掌"比作燕子抄水。

③使用单词化的方法进行讲解。使用几个简单的字词将动作进行表述。举个例子："腾空飞脚"这个动作首先要蹬地起跳，其次进行摆腿和提腰提气的动作，最后再进行拍手拍脚，这个过程总共有四个步骤，通过单词化的讲解就可以将它归纳为四个字，即"蹬、摆、提、拍"。

④使用口诀化的形式进行讲解。将武术的动作根据它的顺序重点进行编排，串成一个顺口溜。

在讲解的过程中要根据学生学习的进度采取不同的讲解方式。在学生入门的时候，应该针对动作的重点进行讲解，不可过多分散学生学习的集中力。对于已经有学习基础的学生，可以进行更深一步的学习讲解。

学生学习的最直接方法就是通过眼睛看到的形象动作去学习。这就要求教师在示范的过程中不仅要做到动作准确熟练，而且为了让学生能够更好地学习动作的结构形象以及完成动作的顺序，还要最大化地突出动作的特点。

2. 示范法

（1）完整示范武术动作

为了让学生全面地了解动作样式、对完整的武术动作有整体概念，教师可以在以下这些情况中完整地进行示范：一是武术的动作第一次作为教学内容出现；二是以结构不复杂、难度不高的武术动作作为教学内容；三是学生有一定的武术基础。

（2）分解示范武术动作

武术动作的分解示范有利于学生在动作细节上更加规范，整体动作的完成度更高。动作的分解示范可以应用到以下几种情况当中。其一，对于比较复杂的动作结构可以分解示范，可以在分解的过程中将动作分成上肢动作和下肢动作，可以根据动作的特点决定是以难易程度进行教学还是以动作顺序进行教学。其二，对于攻防因素比较多的动作可以进行分解示范。根据攻防的特点将动作分解更有利于学生抓住学习的重点。其三，将不容易完成的动作进行分解示范，如跳跃、翻滚、跌扑等动作。分解示范的意义在于将复杂的动作完全展示。分解示范不应当过于浪费时间，它只是过渡环节。动作学习的过程应当是一个从完整到分解再到完整的学习状态。

（3）合理安排示范位置、面、速度

要针对想要解决的问题对象合理地安排示范位置、面、速度。

①示范位置。教师在进行示范动作的时候，应该考虑到全体学生。在方队的情况下，一般是站在第一排最中间的前方；在两列横队面对面的情况下，应站在队伍的中间；在四列队伍的情况下，可以让前两排同学身子稍低一些。在示范的时候，为了让学生更好地观察要避免自然因素的影响。在纵列向前进的时候，最佳的地点是在顶点靠前的位置。

②示范面。在教学当中示范面分为四种，分别是正面、镜面、背面、侧面。单独的动作示范可以用正面和侧面进行；组合动作的示范可以使用背面进行；在做热身动作的时候用镜面示范较合适；像马步这一类的动作为了使学生更仔细地学习可以采用多种示范面进行示范。从不同的示范面可以看到不同的特点。

③示范速度。常规示范的速度分为三种，分别是慢速、常速以及快速。在初学时可以以正常的速度进行示范，遇到比较难的动作可以采用慢速进行示范，在针对某一个点进行示范的时候，可以使用快速的简略示范。

在武术动作的教学中，讲解与示范的结合非常重要。教师可以针对不同的教学采取不同顺序的讲解和示范。对于新内容或者基础不好的学生来讲，示范的作用是非常重要的；对于基础好的学生或者在重复的教学内容中，讲解是主要的手段。

3. 领做与口令指挥法

领做和口令指挥法是一种比较特殊的讲解和示范的教学方式，也是武术教学中非常重要的手段之一。这种教学方式可以统一规范学生的动作，也会让学生在学习时更好地掌握动作。

（1）领做

教师实时让学生进行模仿动作的教学方式称为领做。领做可以使学生在学习新动作的时候快速地掌握动作的结构与路线。教师在领做的时候要注意两个方面的问题。

①选择合适的位置。教师的方向应该与学生的方向一致，通常情况下都是站在队伍的斜前方。当方向改变的时候，教师就可以通过喊口令的方式改变位置。

②要与口令相配合。为了提高领做的效果，在教师领做的时候应当比正常的速度稍微慢一些，通过与口令配合的方式，更有利于学生的模仿与学习。

（2）口令

口令通常应用在学生对于动作已经有了一定的初级把握时。在武术教学中跟着口令节奏的高低进行教学，可以表现出武术的节奏特点。另外，一些口令对学生的记忆动作也有所帮助。

①常规口令。常规口令通常使用在练习基本功的情况下，一个动作一个呼号。如果动作由两个及以上的分解动作构成，可以在原有的拍子基础之上再附加口令。发力动作的口令通常都要短促有力，过渡动作的口令则较为轻缓。

②提示性的口令。提示性口令是使用动作名称或简明术语作为预令进行启发提示的口令。通常情况下它是在比较复杂的动作中使用的。

③单字口令。根据动作的特点，可以将动作名称中最能突出攻防特点的一个字作为口令。单字口令在基础练习当中使用的最为频繁。

④声响口令。声响口令通常使用在学生学会动作之后进行动作节奏练习的时候。

⑤音乐口令。音乐口令通过音乐的旋律指挥学生做动作。

4. 纠正错误法

对于学生来讲，在教师的帮助下去纠正错误是非常重要的。教师纠正错误的方法有很多种，包括指导法、对比分析、语言提示、静耗体验。

（1）指导法

教师通过评价学生的学习，指出问题并指导学生改正错误的方法。

（2）对比分析

学生在学习的过程中可能并不能完全理解动作的性质与作用，通常会忽视动作之间的细微差别，教师会根据动作的性质找出差异之处，通过正确与错误示范的对比，指出问题纠正错误。

（3）语言提示

学生在进行新内容学习的过程中，由于并不熟练会出现忘记动作的情况，这时候教师通过简短的语言进行提示，可以引导学生完成正确的动作。

（4）静耗体验

学生在初学期并不能很好地控制自己的肌肉，在肌肉控制出现错误的时候，教师会通过静耗或控腿等方法，使学生感受自己肌肉的发力情况。

5. 解析法

解析法指的是教师在对武术动作进行深入分析与探讨的同时引导学生学习武术动作技巧等内容的教学方法。动作的解析可以规范动作，指出易错点难点，提高武术动作的技巧。武术动作的解析课一般分为以下四种方式。

①分析动作的规律。针对武术动作的结构，分析规律，找出表演技巧，帮助学生在学习的时候减轻难度。

②分析制约的因素。复杂的动作关键在于制约着对整体动作的把握。教师需要找出分解动作的所有制约因素，并且帮助学生进行分析，寻找出有效的解决方案。

③讲评的适当使用。教师可以根据动作的攻防意义进行讲评，指出在不同情况下动作的不同使用意义，并通过举例，使学生能够举一反三。

④指出演练的技巧。对于节奏明显的动作，教师在讲解的时候应该阐述清楚其节奏变化风格的表现手法。应该在以提高动作技巧为前提的情况下，引导学生去学习如何进行动作上的自我突破。

（二）练习的方法

1. 常用的练习法

练习是一种在教师的教导之下，学生亲自进行体验学习和巩固武术动作的方法。武术的教学当中常常使用的练习方法有以下三种。

（1）模仿练习

模仿练习指的是学生对别人的动作进行模仿学习，目的是使学生记住动作的构成路线以及方向。为了使模仿的动作更加准确，在练习的时候通常会用动作中具有代表性的词语作为关键字来提醒学生。在学生还在初期模仿阶段的时候，教师不要轻易改变自己作为模仿对象的位置和方向。将学习成果比较好的学生安排在队伍的前方，有助于提高整体模仿学习的效果。除了对教师进行模仿学习之外，还可以采取看录像等其他方法进行模仿练习。

（2）重复练习

重复练习是指在对动作有初步的学习之后，在教师的带领下对同一动作进行反复、多次的练习。教师对于重复练习的程度要根据所学内容的难易程度以及学生对于知识的把控程度和每次教学时间等因素综合决定。带学生进行重复练习时，为了时刻唤醒学生的精神状态，教师可以根据情况提出不同的要求，以此保证能够按时完成教学任务。

（3）默想练习

默想练习指的是学生不采用身体活动，而是通过脑内活动而进行的练习。这种练习会使学生加深动作表面的记忆清晰程度以及正确的程度。默想练习通常是在学习新动作后或者是复习学习动作之前。它可以帮助学生集中注意力、消除身体上的疲劳、调节运动过量所带来的身体负荷。初学者应该在教师的带领下进行集体练习，时间不宜过长，每次一到三分钟就足够了。

2. 练习的形式

（1）集体学习

集体练习是全部学生进行集中学习的一种学习方法。练习时可以节省对于动作讲解和示范的时间，有利于统一看动作。学生注意力的集中可以锻炼学生顽强的意志力和团队感。武术的教学中经常使用集体练习的方法，在进行集体教学的过程中，教师要实时地去纠正学生在练习过程当中所出现的共性错误。

（2）分组练习

分组练习是指在集中学习后将全部学生分为若干个练习小组进行巩固复习的一种练习方法。这个方法通常安排在学生已经初步进行学习之后，由优秀学生或者负责人带领每一组学生统一进行练习。在分组练习之前，教师一定要明确地指出练习的具体要求和需要注意的事情，由教师轮流去指导，监督各组按时完成学习任务。

（3）单人练习

单人练习是指学生独立完成动作的练习。这种单人练习的方式可以消除学生对于老师或者同伴的依赖性，使学生的练习更加具有独立性。这种单人练习的方法还能够促进思维与动作的同步，有利于加深学生对动作的记忆。教师可以在学生单人练习的过程当中进行指导，以激发学生学习的积极性，为后期的锻炼奠定坚实的基础。

（4）双人练习

双人练习是一种采用两两配对的方式进行假设性练习的学习方法。一般教师会在练习攻防术的时候采用这种双人练习的学习方式。在学生对于初期学习的动作都基本掌握的时候，可以两个人配合一攻一防进行双人练习。这种方式有利于减少学生的恐惧心理，培养学生顽强的意志力。在双人练习的过程中，教师要对安全方面以及纪律方面进行着重的强调，以防止意外受伤事故的发生。

（5）综合练习

综合练习是教师根据学生学习的具体情况，为了更好地解决在学习过程中所存在的问题，以提高学习的效率而采用的一种融合了上述所有练习方式的综合性学习方法。

（6）实战练习

实战练习主要是攻防对抗练习所采用的方法。一般的实战练习都采取了限制条件实战、指定进攻双方实战以及模拟实战等多种形式，能够让学生切身体验到作战的技术和技巧。在实战练习过程中，教师要着重强调学生的安全教育，加强实战中的防护措施。

（三）评价的方法

1. 观察与提问

教师在武术的教学过程当中对学生进行观察，可以直接了解学生对动作的掌握程度。教师在观察的同时要有着明确的目的，要做到层次安排合理。教师还要做到能够及时发现学生在学习过程中所出现的问题，对每个学生的学习程度做到心中有数，可以在学生完成练习之后进行一个简单的评价，指出其不足，使学生能够准确地了解每次练习之后的成果，以便于后续学习的随时调整。

提问是教师掌握学生学习情况的主要手段之一。教师应根据学生学习的内容以及对知识的掌握程度进行提问。教师提问的时机对于学生思维的扩散有着很重要的影响。

2. 抽查与测验

抽查是指教师在教学过程中让个别学生进行独立演习，由此检查学习的动作是否正确、所学习的武术组合是否合格的一种特殊的教学方式。在抽查的过程中，教师要针对全部学生进行抽查。

测验是指教师在教学过程中对于学生所学武术动作的考察和阶段性的考核。测验之前教师应该根据教学内容拟定测验内容的范围，制定合理的评判标准。在测验的过程中，教师应该对学生的独立测验水平做出切实的评价。测验之后，教师要对整场测验进行总体的总结概括，指出学生的不足以便在下个阶段的教学过程中实施改进。教师会在对测验的不断总结中提高教学质量，实现最优秀的教学成果。

3. 教学比赛

根据教学阶段的变化、任务、要求以及学生自身的学习情况，使用个人或分组比赛的形式可以达到对于教学效果的反馈。这种比赛的竞争性有助于调动学生练习的积极性，提高教学质量。教学比赛分为基本功比赛和组合比赛。这种比赛的成绩通常是由教师或者学生与教师相结合的判断来评定的。

（四）多媒体教学的方法

多媒体教学是指运用现代教育技术手段进行各种形式教学的方法。

1. 多媒体教学的内容

①武术组合、套路和散打全程演示。

②难度较大的技术动作。

③结构复杂的动作。

④学生练习的实况与规范动作对比。

⑤演示相关技术和理论资料。

2. 多媒体教学的形式

①看优秀学生示范动作表演的录像，可以从视觉上在脑海里建立正确的武术动作的基本构架。实验表明，在学生学习前观看录像比在学习过程中观看录像的学习效果要好得多。

②微格教学是一种利用现代化教学技术手段来培训教师的实践性较强的教学方法。微格教学的过程属于信息交流和认知升华的过程。学生可以通过教学视频，通过观看自己练习的回放视频找出自己的不足，不断地改进动作的规范性。

③课件教学。多媒体课件分为四种，可以根据实际情况的不同使用不同的课件教学。充分利用计算机对教学内容进行多方面的分析，寻找出关键所在，为学生的学习找到最适合的方式。

（五）探究教学的方法

探究教学是在教师引导下，学生从趣味性和挑战性的问题出发来获取知识、技能或解决问题的一种教学方法。

1. 探究教学的内容

①武术组合或套路记忆问题。
②武术繁难动作掌握问题。
③武术图解识别和自学问题。
④武术动作改编创新问题。
⑤武术教法运用问题。
⑥武术专项身体素质提高问题。

2. 探究教学的形式

对教学的探究主要体现在对教学的实践性、参与性、开放性、创造性、过程性以及对教学深层次的兴趣和思维模式的探讨。对武术教学课程进行探究是在学生掌握了一定基本功的基础之上开始探究的。

①教师与学生共同参与学习，进行各类教学的探讨，在这个过程中学生负责探索，寻求掌握动作的方法；教师负责在最后整理阐述，总结出一个高效的学习方案，整理本次探讨的学习思路。

②学生自觉学习教师布置的课下作业，而教师在下次上课的时候要让学生在课堂上进行演示。将课上所学的动作传授给所有的学生，在课堂上教师可以通过播放录像、DVD的形式提供标准的示范动作，学生可以根据视频互相纠正不标准的动作。

③学生可以将平时学到的武术动作进行改编，创造组合成新的动作。教师可以对这些新的动作组合进行评判。

二、武术教学的要求

（一）注重示范教学

武术动作复杂，教师必须要着重进行示范教学。规范的示范表演既可以建立正确的育人体系，又可以对学生学习正确的动作技术产生很大的影响。教师做示范要带有一定的感染力，这样不仅可以集中学生的注意力，还可以激发他们的兴致潜能，为后期的教学奠定权威的基础。

现代化的多媒体为教学提供了极大的便利，教师可以运用多媒体技术进行示范教学。在武术教学中，学生不仅可以通过视觉、听觉、触觉等进行学习，还可以通过心理默想以及交流等方式强化对动作的记忆。

（二）了解拳种的风格和特点

不同武术的风格以及特点之间的差异比较大，所以教师在武术的动作教学当中应该着重注意讲解不同武术的风格以及特点。不同拳法的风格特点都表现在经典动作中。例如，长拳节奏鲜明，迅速有力；太极拳刚柔并济，形意融合；南拳拳风刚劲，步伐稳固。教师可以将不同拳种的不同特点通过录像等形式展现给学生，或亲自示范给学生学习。

教师在全面掌握拳种的基础上要更加注重动作的细节，针对动作的特点进行深入的讲解以及示范，通过大量的练习使学生掌握动作的结构和过程。

（三）提高安全教育的意识

在武术的教学过程中隐藏着很多不安全的因素，教师应该重视对于学生的安全教育以防止出现教学事故，还应该在课堂教学前后仔细检查周边环境。

安全教育是对学生的一种关心方式，是素质教育环节中非常重要的一点。以人为本的教育观念要求教师一定要将人身安全放在首要位置。武术教育的目的是强身健体，在身体状态不好的情况下逞强是不可取的。在实战练习当中，不能够有斗狠的情况。通过武术动作的练习可以不断增强身体的素质，达到自我保护的目的。

第四节 传统武术文化的教育传承

传统武术文化是中华民族智慧的结晶，也是中国传统文化的重要组成部分，必须通过教育的方式传承下去。

一、传统武术文化的教育意义和使命

（一）传统武术的教育意义

中国传统武术有着悠久的历史，并随着历史的发展不断演进。武术是中国深厚文化的一部分，是中国人民智慧的体现，代表了中国的传统文化。近些年以来，中国传统武术受到了西方人的喜爱，他们主动学习这项古老技艺。李小龙的出现掀起了西方学习"功夫"的高潮，为中国功夫走向世界做出了巨大贡献。"Kungfu（功夫）"一词甚至出现在了牛津词典中。"Sifu（师父）"这一带

有中国文化特色的词语逐渐被更多的西方人接受,可以说,这是一种成功的文化输出。

虽然在国外,一些外域武艺如拳击、跆拳道、空手道等比较流行,但中国传统武术由于拥有悠久的历史、丰富多样的流派、多样的招法变式、崇高的技艺品德等,一定会受到越来越多人的喜爱。[①]

传统武术蕴藏了中华民族的精神、文化、智慧,具有很高的价值,对青少年十分有益。可从两方面来讲传统武术的魅力:一方面,在于传统武术技艺本身;另一方面,在于渗透在传统武术中的几千年深厚积淀的中华民族优秀文化。

自古以来,爱国武术家的故事不胜枚举。有率领"戚家军"抗击倭寇的戚继光;有"精忠报国"的岳飞;有15岁就打败美国拳击手、一生致力于传统武术教育的蔡云龙。他们的故事被流传下来,他们的精神值得后人学习。

自电影行业开始至今,功夫片一直是影院院线青睐的影视类型。叶问、黄飞鸿、霍元甲的故事被拍成多部电影,受到无数观众的青睐。

武术家也好,武术人也好,他们在国家面临危难时表现出的当仁不让的"爱国"风骨和恢宏的气度,将武术中的格斗精神和技艺与中华优秀传统文化实现完美结合。例如,太极哲学是从中国切磋武艺的思维中逐渐衍生出来的。武艺人过招时的乐趣以及分胜负时的雅趣,在"随曲就伸"与"舍己从人"中可充分体会。中国传统优秀文化的内涵体现在武术技艺中,人们从一招一式中可体会到,从而间接受到中国文化的熏陶、教育。

西方拳击中的"直拳",在中国拳法中被称为"撑拳",无论是从技术规范,还是从劲力要求方面,都显得厚重了很多。其有一种直来直往的简洁与意念的渗透,更有一种任意出击的洒脱,并且是在迅猛快捷与劲力饱满中伺机而发。一个流传下来的古典传统武术套路,通常都凝聚了几代人的智慧与心血,其中,有很多耐人寻味的故事与情节,与此同时,也体现了古人对传统武术的尊重。

传统武术教育中对"武德"的强调,将传统武术的教育价值充分地体现了出来。原因在于其将对道德的约束与规范融入习武者的日常生活当中,并且贯穿于习武过程的始终。在"武德"当中,依旧有许多积极的成分值得当今的青少年继承与学习。

中国传统武术均有不同流派,每一个门派对自己的弟子都有一定的道德要求。然而,诚信却是所有门派都有的道德要求,是武艺人崇尚的"生命准则",即"言必信,行必果"。不遵守诺言、言而无信的小人,即便武艺高深莫测,

---

① 褚玉杰. 解读传统武术承传方式及其价值的审视[J]. 中华武术(研究),2019,8(5):59-61,65.

依旧得不到同行的"尊重"。作为学习传统武术的武艺人，最基本的职业形象是重信守诺。"武德"的内容主要来源于中国文化的典籍注解，另外，"文"文化与"武"文化的合理结合也是"武德"。学习传统武术的武艺人尊崇"武德"就是敬畏中国文化，更深一点讲，也是对儒家文化的膜拜。

（二）传统武术的教育使命

经济全球化给人们带来了巨大冲击，这是任何国家或个人都无法回避的现实，于是文化安全的危机随之而来。在这场关于"保卫国家文化"的战斗中，中国传统武术担负着新的历史责任与使命。要想让学校接纳"传统武术"教学，就要深入挖掘传统武术的独特育人价值，为传统武术增添新的文化内涵，使之与时代发展同步，满足社会发展的需要，符合青少年身心健康教育的要求。

事实上，现今传统武术面临着巨大的考验，处于"岌岌可危"的境地。"无人教、无人学"是武术人面对的最大难题。由于跆拳道、空手道、拳击等教学有攻防技法、竞技化等教学内容，所以，比学校传统武术更受到同学们的欢迎。面对这种现状，传统武术需要做出一些改变，如增加攻防技法教学、融入礼仪品德教育等，只有这样才能担负起弘扬中华民族精神的使命和责任。

二、传统武术文化在高校中的传承和发展

（一）传统武术文化在高校教育中传承的过程

以学校教育不同的指导思想与培养目标为依据，可将我国高校中传统武术课程的发展大致分为以下两个阶段。

1. 传统武术专项课程阶段

从中华人民共和国成立初期到1987年国家教委确立体育类传统武术专业之前的时期，被称为传统武术专项课程阶段。在这个阶段，单一运动项目课程、单一科目是传统武术在体育院校的课程形式，称作传统武术专项课程。

2. 传统武术专业课程阶段

传统武术专业成立之后，被称为传统武术专业课程阶段。在这个阶段，传统武术教学课程不再是单一科目或者单一运动项目课程，而是由多门单一课程组成的课程体系，而这一时期亦被称为传统武术专业课程阶段。

虽然传统武术专业已经成立，但是传统武术教学课程以及培养学员的模式仍然沿用旧的运动体系，这在很大程度上是受我国体育教育制度改革较慢所影响的。继承和发展、传统和现实这都是过去传统武术教学课程体系中存在的问

题，却至今没有解决。只有搞清楚传统武术未来的发展方向、本质，建立合理的教学体系，才能让传统武术在高校中得到发展。

（二）武术文化在高校教育中传承和发展的作用

1. 可满足大学生求知的欲望

中华民族有着几千年的文明发展史，而传统武术作为中华民族文化的重要组成部分之一，同样蕴涵着丰富的人文思想与文化背景，因此，传统武术就成了一种独特的民族文化载体。无论是在内容方面，还是在形式方面，都体现了中华民族的民族精神与优秀品质。因此，对于传统武术来讲，进入高校课堂是非常有必要的，其在培养民族精神、继承传统文化方面的意义是非常重大的。大学生从事传统武术教育，一方面，能够使自己的行为修养水平提高；另一方面，也能够从中感受博大精深的中华民族传统文化，从而培养自己的民族自豪感。

2. 可激发大学生的学习兴趣

传统武术有两个最重要的特点，同时也是许多人学习武术的原因，即健身性和技击性。信息时代的今天，社会发展速度过快，人们的身心都面临较大的压力，因此，拥有健康的身体成为许多人心中的目标。另外，社会上不可避免地存在一些犯罪分子，所以，武术成为人们学会保护自己生命安全与财产的一种可靠方式，越来越多的人开始关注传统武术。

对大学生而言，他们既渴望自己拥有健康的身体能够实现理想，又希望拥有保护自己的能力能够承担社会责任。因此，传统武术受到很多大学生的青睐与关注。

3. 有利于学生终身体育观念的形成

传统武术的特点鲜明。例如，其既有灵活多变的形体组合，也有固本培元的内功修炼；具有多种多样的训练形式，如提高技击实战能力的单势练习等；传统武术的技术动作简单、实用；既有拳术练习，又有器械演练；既可吐气发声，又可凝神静气；等。总而言之，传统武术的练习可以不受客观条件（场地与时间等）的限制，随时随地地进行，这些特点使传统武术有利于促进大学生终身体育观念的形成。

4. 有利于培养民族自豪感

在中国传统武术的历史发展过程中，有很多武林志士与史诗般的英雄人物（如义和团抗击八国联军、岳飞抗金等），他们的爱国故事以及侠道主义精神被人们世代赞颂，这成为民族精神与爱国主义的最好写照。对于大学生的民族自豪感，以及爱国主义精神来讲，这些英雄人物所起的作用是非常巨大的。

三、传统武术文化在高校传承中存在的问题与对策

（一）传统武术文化在高校传承中存在的问题

1. 传统武术内容繁杂，拳种众多

中国传统武术历史悠久，在不断演变中逐渐形成众多门派。因此，高校体育课堂如何引进传统武术教育的内容，是亟待解决的"关键问题"[①]。

2. 传统武术教育人才匮乏

中华人民共和国成立后，我国出台了一些政策，促使经济体育得以优先发展，竞技武术独占鳌头的局面就此发生。无数人才的培养模式就是在这一阶段形成的。通过这种模式培养出的武艺人，既服务于各级各类学校的武术教学，又能够在一定程度上传播竞技武术。长期使用一种模式，必定会带来或多或少的负面影响，因此，传统武术发展开始呈现出滞后状态，学习的人也慢慢变少。只有圆满地解决传统武术面临的人才匮乏问题，才能够使传统武术在高校中获得进一步发展。

（二）传统武术文化在高校传承的策略

1. 联系当地实际，重视实际效果

在课程设置方面，要根据高校所在地的地域特色与优势，选择合适的被学生接受和喜爱的拳种，适当地改进教学内容，有计划、有秩序地将传统武术教学引入高校体育课堂，以便更好地发展中国传统武术教育。

2. 加强学校与地方的结合，加强武术人才建设

培养传统武术人才，需要高校所在地的政府和教育主管部门重视传统武术组织者的桥梁作用，不断为高校、当地武术团体搭建交流、合作平台，另外针对高校的体育老师，也应该加强其传统武术培训，让其深刻地理解传统武术中蕴藏的中华文化的内涵与精髓，间接提升其在传统武术教学方面的业务能力。

3. 邀请当地传统武术优秀传人到学校传授技艺

高校所在地的政府、教育主管部门应该主动邀请当地传统武术的优秀传人到学校为学生传授传统武术知识，弥补学校传统武术教学缺失的内容。

---

① 姚丹，李士英．新时代我国中小学武术教育核心素养实现障碍及解决路径[J]．体育文化导刊，2019（3）：93-98．

第六章 传统武术文化的当代境遇与理论探索

目前,随着社会转型以及经济全球化发展,中国传统武术开启了全新的历史境遇。这一章的内容主要包括社会转型期下传统武术的新起点、经济全球化趋势下传统武术的当代语境、传统武术文化的保护、传统武术文化发展的理论探索。

第一节 社会转型期下传统武术的新起点

传统武术具有非常悠久的历史,而它的雏形产生于农耕文明社会时期。在这个时期萌生出的传统武术所蕴含着的是农耕社会的"血液",和其他传统文化有着很多共同之处。对于传统武术家来说,他们无时无刻不在崇拜和尊重着自己的师父以及先辈,对于武术前辈们的高超造诣都赞不绝口,并且一直坚信这些武术前辈有着非常厉害的武术实力,这也能充分说明传统武术家很执着于"过去",不喜欢去改变想法和观点。虽然"经验"非常重要,但长期保持这种思想,肯定会对传统武术造成不好的影响,当下的社会环境也证实了这一点。所以说,社会土壤的培育非常关键,它决定着传统武术文化能否顺利地实现转型。[1]

目前,我国正处在社会发展的重要阶段,逐渐完成了由农业社会转变为工业社会、再由工业社会转变为信息社会。我国的经济也有了蓬勃的发展,人民的生活水平得到了不断改善。作为中国传统文化,武术的发展也受到了根本性的转变,主要表现在以下几个问题上。

在封闭的农业社会时代,男耕女织是典型的生活方式,基本上实现了自给自足,在此背景下武术得到了发展,并产生了许多武术分支,人们靠着武术去保护自己、保卫国家。随着工业时代的到来,人民的生活方式与以前大不相同,国家稳定繁荣发展,大部分人都在努力地学习当代的知识。各新兴行业的发展

---

[1] 任婷婷,刘建. 文化自信视域下新疆武术文化发展研究[J]. 广州体育学院学报,2019,39(2):77-79.

丰富了人民的就业，人民不断地提高自己的职业技能，因此获得了良好的物质报酬。传统武术文化失去了在社会需求中的一席之地。随着社会的转型，武术没有能够与时俱进，仍在社会转型的道路上艰难缓行。

工业化社会更多重视科学，人民在社会发展的因素下，不断倡导健身，其主要形式如跑步、游泳、健身房运动等，这些运动能够给人民带来健康的体魄。作为传统文化的武术，是精神与身体强大的结合体，往往带着浓厚的精神色彩，每一门传统武术都需要言传身教，想要真正的学会武术的核心，需要修炼很久才可以，对于现代社会状态来说，很少有人去选择这项真正的技击运动，这些情况遏制了传统武术的发展。

武术代表着我国传统民族意志，在我国的历史进程中，始终扮演者重要的角色，在唐代就流传着十三棍僧救唐王的故事，近代史中大刀王五是我国民族武术英雄的代表。武术体现了我国不屈不挠的民族精神，应该大力保护武术这项国粹，如向联合国申请非物质文化遗产等。我国有关部门也应重视起来，大力弘扬我国传统武术。

第二节　经济全球化趋势下传统武术的当代语境

各民族文化在世界范围内的传播是相互冲突的，这些年来我国在西方文化的影响下，逐渐兴起了外国的文化，最具代表性的如情人节、圣诞节等西方节日。这也进一步地说明，在世界文化传播和发展的过程中，各国文化时刻充满着矛盾性。强大的国家在文化传播中占有主导地位。民族文化是中国的根基，要时刻进行保护。

传统武术是我国的民族文化，在向世界传播的过程中，需要时刻保持警惕，现在很多国家传播中国传统武术，他们认同中国传统武术文化所弘扬的精神。外国人尚且如此，作为一名中国人，更应该弘扬和传承中华文化。

武术是中华文化的重要组成部分，是我国在世界文化中的品牌，发展武术精神，是弘扬中华文化的根本策略，应从青少年抓起。我国要普及武术教育，把武术教育引入学校的课程，让学生在学习过程中，既可以增强身体素质，又可以提高文化修养，牢记民族精神。近些年来国外不断开展体育竞技项目，包括拳击、MMA、K-1等，我国也开展了一些散打比赛，使得传统武术的地位受到严峻考验。因此，在这种情况下，我们也应在世界范围内开展传统武术比赛，以引起国人的重视。

从文化传播的角度来说，任何事物的发展都有外因和内因。内因是在现实生活中武术本身要跟上时代的潮流，要不断发现传统武术随着时代发展所产生的弊端，要不断地找出更符合时代发展的武术精神内涵。只有通过内外结合，才能更好地传播武术文化。

社会的发展产生了武术，武术在战争年代具有很深远的意义，但在和平年代，武术似乎失去了原本的意义。事实上，武术是流动的、鲜活的文化，不应该遭到埋没。所以在当代，要大力推广全民武术，应该考虑如何去寻求发展。可以从以下三个方面入手：①弘扬武术文化的核心；②研究武术文化对我国发展的意义；③探讨武术文化对我国传统文化的价值体现。这些都是需要不断思考的，要不断总结武术文化对社会发展的实际意义，并结合当今社会的需求去验证，这样才能得到问题的正确答案。

第三节　传统武术文化的保护

21世纪网络信息化时代的到来，加速了全世界的互联互通，无论从虚拟网络，还是实体外交，越来越多的人走出国门，也有越来越多的外国人到中国工作和生活，因此，全球一体化、地球村等概念相继被提出来。同时，文化在世界范围内的发展出现了许多问题，例如，各民族的文化冲击已经成为全世界公认的问题。我国自改革开放以来，经济发展迅速，人们生活水平提高，国防能力增加，创新能力、科技水平显著提高，在世界舞台上占有一席之地。但随着我国加入世界贸易组织，强化和各个国家进行合作的同时，各种外来文化也纷至沓来，对我国传统文化产生了强烈的冲击。冯骥才先生指出，民族的情感需要民族文化来承载，民族文化是民族凝聚力的体现。所以，任何一种民间文化，都对其本民族有着深远的意义，甚至民族文化对于世界这个大平台而言，同样越来越重要。但目前，我国的发展注重商品化，社会日趋现代化、旅游化、工业化，唯独民间文化没有受到重视，正在逐步走向消亡。

由上述可知，武术处于前后夹击的境地，受到西方武技和现代竞技体育的冲击，学习武术的人越来越少，甚至出现了后继无人的尴尬局面。对于此，国人应深刻进行探究和反思，要提高思想认识。中国传统武术，不仅是非物质文化遗产，还是先贤们对战斗对生活的智慧结晶，是中国"武"的标志，不应该被人们遗忘。

一、传统武术文化的继承

搏杀和格斗都是武术的本质，为了适合大多数现代人锻炼身体的要求，应适当将部分招式进行拆分,降低难度,方便大众进行训练,但是要真正学会武术,必须要有武术精神,只有持之以恒,不怕吃苦,不惧寂寞,才能担负起武术传承的使命。我国政府曾经号召对传统武术进行挖掘整理,但这项工作需要相当漫长的时间才可以完成。由于传统武术没有和当代竞技武术建立起紧密的联系,当年这项工作取得的成果与竞技武术不能匹配,导致这个声势浩大的武术挖掘工作没有取得良好的效果。鉴于此,传统武术要想生存和发展,除了需要加大保护外,更要有针对性地选择能与现代竞技建立联系的技能。另外,可以利用相机等现代数码科技及文字记载来保留武术文化印记。其中尤其重要的是,应当妥善科学地保护留存下来那些记录,抢救珍贵原始资料及重要文物,最好投入一定的资金及人力修建相关武术博物馆或民间资料馆,更好保存和收集与传统武术相关的文物和资料。与此同时,还要将资料中的武术技艺发扬光大,让其在民间得到推广和流传。对于传承和发展传统武术,离不开不断努力奋斗的人,如果没有群众基础,则一切都是空谈,所以,需要寻找目标人群,培养人们习武的兴趣,让中国传统武术大放光彩。

师徒传承是历史上传统武术延绵不绝的主要生命形式。由师父和徒弟结合而成的传习双方,共同组成中国传统武术传承和发展的重要载体。现如今,中国相声、中医以及戏曲都还遵循着古代的那种拜师递贴的方式。例如,在上海和北京等地,民间像一些拳师个人以及群体都沿袭了之前的拜师仪式,这也让很多的外国人深受感染而去拜师学武。这种传统的武术学习方式,不但让中国武术文化在人们心中不断加深印象,也让门派技艺得到了有效的传播,这对于文化来讲具有重要意义。

二、将传统武术作为非物质文化遗产

每个国家和民族都有自身的文化特色,这是由地理位置、民族传统、气候条件等因素决定的民族文化分为物质文化和精神文化。精神文化是建立在人们内心情感世界的基础之上的,很容易被人们忽视。民族文化是凝聚民族的载体,是民族战斗力的保障,现如今,各个国家都不可避免地受到外来文化的渗透和融合,自己的民族文化正逐渐受到影响。因此,保护民族文化成为各个国家需要面对的难题,由政府到民间,都在努力寻找保护优秀传统文化的办法,尤其是对非物质文化遗产,更为重视。[1]

武术没有明确的界限,也没有清晰的概念,如果把它列为非物质文化遗产,也无可厚非。从客观上分析,传统武术形成了诸多的武术流派,并且传承的历

---

[1] 李臣,张帆. 中国武术文化品牌化推进路径 [J]. 上海体育学院学报,2018,42(4):81-85.

史悠久,学习武术的人数众多,这些条件符合申请非物质文化遗产的标准。当下,沧州重刀、少林功夫、回族武术,还有梅花拳,都已经成为国家非物质文化遗产。此外,沧州八极拳、陕西红拳正在为申报努力做准备。其中,申报是否成功不是最重要的,最重要的是在准备的过程中,对功法和经典套路的重新梳理,让其得到人们的重视和关注,才是发扬和保护武术的关键,这也是让人们深刻认识传统武术的一次机会。

由古至今,传统武术的发展形成众多流派,当年对拳种的统计共129个,虽然有许多已经不复存在,但是还有一些稀有偏僻的拳种,以及晦涩高深的武学理论未统计在其中。人们期盼出现真正懂得和热爱武术的人才去完成这件事情,帮助传统武术走向民间才是对其最好的保护。

我国有着五千年的悠久历史,是世界文明古国。我国幅员辽阔,物产丰富,有壮美秀丽的山川,也有风光旖旎的田园,具有不同特色的历史建筑和人文景观,更重要的是,有优秀的文化传统,这是中华民族的骄傲,是任何国家不可否认的人类文明的成果。目前,国家对非物质文化遗产的保护十分重视,民众的反响也十分热烈。其中,古琴、杨柳青年画、纳西古乐等,成功申请非物质文化遗产。值得高兴的是,传统武术的部分拳种也成功被列入第二批,这是对传统武术文化的充分认同,宛如给传统武术的发展注入一针强心剂。

目前,传统武术的发展,需要人们及时、准确地进行申遗,要把握这次千载难逢的机会,彰显我国传统武术的独特魅力。传统武术本身就是一种技击文化,而且还蕴含着中华民族的传统文化,是我国非物质文化遗产中最核心的部分。我国是文明古国,文化是我国千百年来的积淀,对我国的发展有深远的影响,特别是非物质文化遗产,集合了先贤们的智慧,为人们的美好幸福生活奠定了良好的基础。因此,它也成为中华民族文明史上最璀璨的篇章,我们必须要为非物质文化遗产的保护而努力拼搏,肩负起历史和时代给予我们的使命。面对传统文化的日渐式微,一方面我们要肩负起民族的使命和责任,捍卫优秀的传统文化;另一方面我们要呼吁广大民众,保护我国的传统文化,要在世界的大舞台上为我国的传统文化争取一席之地。因此,对于传统武术的保护,需要人们的不懈努力。传承传统武术,需要人们秉承坚定的信念、崇高的责任感和使命感,让传统武术在中华大地上重新唤起生机。

三、传统武术文化资源的教育

传统武术在我国古代一直都被当作一种教育资源来对待,受到很多的关注和重视,但随着历史的发展,其地位也慢慢下滑,到了现代其真正的价值已经逐渐被人们忽视了。中国传统武术是我国独有的文化瑰宝，应该得到保护和传承，而如今传统武术教育行业缺乏生机、缺乏动力，如果再不努力保护并积极推动其发展，传统武术很可能就此消失于时代发展的洪流中。在战争频发的冷兵器时代，武术是人们保护自身以及他人人身财产安全的重要手段，技击是当时武术的根本。现代不同于古代，和平是当今世界的主旋律，即使发生局部战争，技击在战争中的作用也比古代要小很多，所以现代武术的核心并不是技击。"武以成人"是我国传统武术的核心价值标准，自古以来，我国的武术教育都是和习武者个人品格的培养紧密联系在一起的，开朗豁达的心胸与堂堂正正、正大光明的人格是对每一名习武者亘古不变的要求。在传统武术教育中，要有取有舍，摒弃糟粕，保留传统武术中的精华元素，积极探索、勇于创新，提升传统武术文化资源在现代传统武术教育中的魅力和作用，让武术教育重新焕发生机。

相比于战乱年代，当代武术更加重视健康人格的培养以及身体素质的提升。人是一切社会活动的主体，人的生命具有两层意义，一是父母给予的，二是自我超越的。如果一个人自我封闭，一味守旧，在其生命历程中没有实现生命的第二层意义，那么这个人的人生就是不完整的。在生命中不断完善自我、不断求新、不断超越，才能真正学会"如何做人"，培养出高尚的人生品格。

为生命赋予生命的第二层意义非常重要，需要给予高度重视和关注，因此教育要从"人"的角度出发，从"物"的教育转向"人"的教育。对于体育教育来说，应该向更加人文化、人性化的方向发展。现代社会为"人"的教育赋予了新的含义，要求教育与教化同步进行、双管齐下、并驾齐驱、同步发展，教育不应被"物"的世界扰乱，应以完善"人"，培养"完整的人"为目的。"人"的教育是对当下"应试教育"的批判和挑战。相比于素质教育，应试教育过于重视学生的考试成绩，在教育过程中采用"灌输式"的教育方法，缺乏对学生道德方面的教育和引导。在应试教育模式下培养出来的学生往往是高分低能，道德涵养低下，缺乏对世界、对社会最基本的认识。

传统武术教育以"武以成人"为教育目标，这是一种人生境界的培养和熏陶，因此传统武术教育从本质上来看包含哲学教育的成分，这与当下受到广泛关注的素质教育有异曲同工之妙。武术本身并非竞技运动、戏曲文化或其他娱乐养生活动，武术影响的不仅仅是人的道德和素质。相比于"教"，武术教育更加注重"化"的作用。武术教育中的"教"讲究步步指导、循循善诱，这与应试教育中的"灌输式"教育有本质的区别，而武术教育中的"化"则是对学生人生意义上"觉悟"的点化和指引。武术教育也与灌输说教有很大的不同，灌输式的说教是一种他律的教育,而武术教化更加注重通过锤炼学生的"意志品质"来培养学生的自律能力。

(一)武之教化

一般来讲,教化指塑造和培养了个人精神,同时也将心灵变得更加强大,这种教化对于如今的社会来讲是非常重要的。目前,社会变得特别的"物化",更加重视现代生活以及生产方式,并且还带有着非常浓厚的功利感和现实感,而人们经过了"物化"的影响,也开始出现了精神的"物化"。而武术注重武德修养,强调人性和尊重生命,这对人的"物化"具有纠正及引导的作用,对人们重新走上"人性"这一轨道具有极其重要的现实意义。

当今的素质教育和教化有非常紧密的联系,可以说素质教育的本质就是精神的教化。通过武术教化能够塑造、培养学生的精神境界和个人素质,让学生掌握正确的为人处世的方式方法,因此可以说推广武术教化有填补现代素质教育不足、辅助现代素质教育发展的作用。教育不应该仅仅是认知的灌输,还应该包含灵魂的培育,对于一个人来说健全的灵魂比广博的知识更加重要,武术教化是培养学生健全灵魂的重要途径。

在现实世界里,能够起到教化作用的,只有触动、抚慰人们内心深处的精神产品与正确有效的知识,通过教化让心灵得到净化、灵魂得到震撼,使人们摒弃内心的阴暗、狭隘和虚伪,重新审视自己,认识生命。现代社会充斥着各种虚无的"伪教化",人们的精神遭到污浊、灵魂受到流放,所以更应该重视精神教化的推行,加强人们精神的培养和塑造。帮助人树立正确的人生态度,让每个人找到真实的自己是教化最大的作用和最本质的意义。这充分符合且遵从着"武以成人""以武达人"的价值准则。

(二)"人文教育"与"素质教育"相辅相成

武术讲究"武以成人",用现代的表达就是对人全面发展的追求。武术具有激发学习者积极向上、主动进取的作用,能够帮助学习者寻得自身的内在根源,厚化、拓宽学习者的精神世界,培养学习者勇于抗争、永不放弃的精神品质。武术能够体现对生命的呵护与尊重。

在我国传统文化和人文素养的熏陶下,与自然和谐相处、融洽共生成为武术追求的目标之一。很多习武者会在小溪流旁、深山野林等自然环境里修习、钻研,优美的自然环境让人心胸开阔,能够起到陶冶情操的作用,有利于习武者道德素养的培养。

通过武术可以起到教化的作用,武术能够让人走出自我封闭、放开自我、直面自我，能够帮助学习者、练习者认识自己、了解自己，进而通过"知己"达到"成己"的境界。学习武术既能够让人对世间万物升起热爱之情和怜悯之心，教化学习者的情感，让其怜惜瓦石之毁，不忍草木摧折，又能够加深人和人之间的互相理解、互相尊重、互相包容。武之教化的本质和作用与素质教育的定位与宗旨非常吻合。素质教育和人文武术应互相结合、互相促进，形成一个有机的整体，从而促进人的全面发展。人文武术与素质教育融合，可以促进应试教育向素质教育的转化，为物质体育向人文体育进化营造良好的精神文化环境。素质教育与人文武术双管齐下，共同发展，有利于培养学习者丰富全面的感觉方向，有利于提升学习者的创造能力和创新精神，有利于完善学习者的精神世界，让人的灵魂和生命更加健全。对于一个真正的人来说，内心世界的建设和自身精神世界的塑造是一项必须完成的使命，武术的魅力就在于能够帮助人完成这一重要使命。武术教化能够起到精神教化的作用，从而提升人民群众的整体素质，人民群众素质的提升会反过来促进体育及武术事业的发展。

在我国的传统教育史中武术占有重要地位，能够通过肢体动作体现出我国的文化特色。只要用心去体会武术中的攻防打击，就能够发现武术中蕴藏的尊师重道的品格、自强不息的精神、正直不屈的刚毅、厚德载物的厚重、不离不弃的忠诚、拔刀相助的义勇以及气冲云霄的豪迈。强身健体，提升人的身体素质只是武术功用的冰山一角，武术作为我国优秀文化的载体之一，其对个人对社会的教化作用更加重要。为了促进武术教育发展和推动武术文化建设，应充分利用武术的文化价值，将武术的文化教化作用发挥到极致。

我国的传统武术历史悠久，一脉相承，具有非常深远和丰富的精神内容，是我国传统文化的集中体现，同时也是我国独有的一种文化现象。我国传统武术应顺应时代发展需求，向更加多极化和多元化的方向发展，在发展过程中要充分挖掘其自身的内容和文化，让传统文化在新时代，新世界焕发新的生机。传统武术与现代武术的磨合、碰撞、冲击将是未来武术发展的主旋律，在其推动下，我国的武术文化必然得到全面、深层次的激活和振兴。武术不仅仅是一种体育运动形式，更是一种教化文化、审美文化和哲学文化。武术的技术表现形式是武术文化内涵的外显。

第四节 传统武术文化发展的理论探索

一、传统武术发展的社会需求

社会需求不仅是推动社会发展的重要力量，还是社会利益诉求的重要导向。社会需求与传统的武术创新形成协调发展、互为促进的关系，社会需求的满足得益于传统武术的创新发展，而传统武术也因社会需求得到了一定的发展平台。

社会需求是社会发展的原生动力，从经济学角度来讲，假设社会需求是一种消费行为，那么传统武术创新及发展便是生产行为，这两者相辅相成，消费决定于生产，生产对消费有着极大的推动作用，生产的目的及动力便是消费。

传统武术创新及发展的基础是由社会需求提供的，传统武术在创新发展中应当以社会需求为核心，因此，这种辩证关系不仅满足文化需求，还满足物质需求。具体来讲，传统武术创新的现实依据是由社会需求提供的，应当充分考量社会需求。

此外，传统武术具有诸多功能，这是由多种武术创新目的决定的，不过在诸多功能中存在着一种主要功能，这是传承人可以重点利用的，就是创新传统武术，满足社会需求，推动传统武术的发展。

在一切社会性的客观物质活动中，人们能动地改造及探索物质世界的活动，称为实践。实践具有社会历史性、能动性及客观性三个基本特征，在实践中创新，通过实践指导创新，创新与实践共同推动社会的发展及进步。在创新的道路上，传统武术从实践中可出真知，所以，两者之间关系相当紧密。人们的社会需求得到满足，体现的是处理社会关系实践，其中处理社会关系实践是实践的基本形式之一，因此，传统武术创新发展的前提是社会需求。

总而言之，传统武术创新的原动力是社会需求，这种创新具有一定的目的性，可作为一种手段及方式满足社会需求。传统武术在社会发展过程中，受到社会需求范围不断扩大的影响，遭遇了极大的挑战，创新作为传统武术发展的前提，其目标是满足社会所需，甚至在不同的社会需求中，传统武术出现了多样的流派及拳种，这样可以保持武术在创新的路上走得平稳，并不断满足社会所需。

二、传统武术发展的制约因素

（一）自身因素的制约

1. 传统武术理论研究不足

传统武术发展受到阻碍的主要原因就是对传统武术的理论研究并不充分。每一门学科都有着自己独特的知识体系，而学科发展的基本条件就是要具备健全并且科学的指导。西方体育之所以能够成为全球性体育的原因，就是因为它是在科学的基础上去发展的，顺应了人体的基本生理规律，并创建了可靠完善的理论体系。

在古代社会环境的不断熏陶下，传统武术的传承都是通过师父对弟子口传心授进行的。在传授的过程中肯定会有一部分人比较有毅力和悟性，并且经过刻苦的训练来继承武术，但是这些几乎是没有详细记载的。所以，传承人不但要深入研究武术理论知识，还需要对之前的传统思想进行适当的转变。

在推动传统武术发展的进程中，国家相关武术部门也在做相关的工作，以此弘扬传统武术，保障传统武术的传承，为后人留下宝贵的武术文化遗产。不过，对于个人而言，从事传统武术理论研究工作的人员较少，这与国家所做的努力背道而驰。

在实践中，传统武术自身在不断发生着变化，从而满足社会发展所需，形成相关的武术理论。然而，在这个过程中出现了很多问题，例如，严重的封建迷信思想影响了传统武术的发展，不利于社会发展；不同个人，其文化程度、生活环境等因素也不同，容易导致一些习武者误解传统武术，从而极大阻碍了传统武术的发展。

因此，对传统武术的理论研究加以重视，既可减少修习者的认知误区，又便于推动武术的传承和发展，为传统武术的修习者带来更高的实用价值。

2. 传统武术内容繁杂且缺乏整理

拳种在传统武术中具有一定的多样性，可以说，每个拳种都对应一个器械体系。各拳种在传统武术的形成及发展中历史跨度较大，从而致使不同拳种间存在极大的差异性。

在传统武术中，每个拳种都有着丰富的拳理内容、武术套路，其中不同拳理之间存在较大差异，例如，既有以五行的相生相克作为拳理的形意拳，又有以太极的阴阳变换作为拳理的太极拳。

而不同拳种，其套路及特点也表现出相应的独特性，例如，八极拳在劲力上讲究沉坠劲、十字劲、缠丝劲，技法上讲究六大开、八大招，其风格特点是挨傍挤靠、劈砸抖迎、顶抱弹踢；而其他拳种的招式以模仿动物的不同形态为主，拳名名字得益于动物的名字。

虽然近些年，传统武术处于良性发展中，但是也存在诸多问题，例如繁多的拳种呈现出复杂的内容，甚至一些相关武术部门并没有很好地全面整理及归纳各拳种，这就容易出现向大众介绍不同拳种的来源及形成的原理以满足社会所需时，并不能给予详细的解释，不利于弘扬中国传统武术。弘扬并发展传统武术，需以科学为指导，通过对拳理的分析来把握传统武术拳种的发展大方向，从而确保传统武术理论得到长久的发展。

3. 民间传统武术拳师的教学水平有待提升

口传心授是传统武术教学的主要方式，这在一定程度上要求传统武术拳师具有较高的文化素养，而传统武术继承者缺乏较高的文化及教学水准，则是制约传统武术发展的重要因素之一。

导致传统武术拳师较低文化水平的原因主要有以下几点：①传统文化思想极大影响了武术拳师，导致其内心生出文武殊途的错误想法，一般情况下，文化知识的学习是武术练习者常常忽略的方面；②当义务教育普及后，青少年几乎将所有时间放在了接受学校教育中，从而剥夺了其学习传统武术的时间。而有大把时间学习武术的人，则是那些对学习无兴趣或没有能力上学的青少年群体。所以，传统武术拳师有限的文化水平，在口传心授方面并没有一定的理论指导及创新，从而致使传统武术的训练方式及教学方法无法更好满足当代人的需求。另外，徒弟在拳师的带领下进行练习的时候，没有科学的教学方式，整个练习过程较为单调无味，效率不高，从而导致传统武术的发展受到一定限制。

传统武术的文化差异还受到武术不同地域的影响，致使一部分传统武术拳师在授课过程中，常赋予其神秘色彩，从而使得弟子无法建立对传统武术的认知；而一些传统武术拳师通常采用极端的方式让弟子不停地进行学习，不利于传统武术的传承。

4. 传统武术门派众多

传统武术受到不同地域、不同文化习俗及习武者不同的身体素质等影响，催生出多种流派及分支，例如，较有代表性的太极拳，就有陈式、杨式、吴式等不同的分支。其中，杨式太极拳以陈式太极拳为基础，并经过改进对太极拳重内、重义、含而不露、后发制人进行强调，这些构成了其核心内涵，而繁杂的传统武术门派，很难让人们更好地接受传统武术，甚至在传承方面困难重重。

此外，这种多拳种、多拳法及多流派等问题，不利于传统武术在国际上的发展。在国际上，中国传统武术包含的各种流派统一被称为功夫，但是武术中各流派的区别、特点及种类等并不能被人们了解，加之国际上没有成熟的传统武术翻译，将导致传统武术无法得到更好的交流，其精髓更不能得到真正的诠释，这使得中国传统武术无法在国际上得到有效发展。

（二）社会因素的制约

1. 传统武术生存的社会环境不断变化

我国的传统武术主要源自我国的农耕文明，在我国的冷兵器时代，人们为了达到进攻和防守的目的，不断继承和发扬传统武术。不过，伴随着我国火器时代的到来，传统的武术也逐渐丧失了应用的场合。随着长期以来的思想观念发生变化，我国传统武术的发展已经不能满足时代的进步。

在我国自给自足的自然经济时期，人和人之间的沟通和交流较少，因此我国传统武术长期以来并没有获得很好的发展，也就导致传统武术的门派相互隔离，并且存在着很大的差异。从改革开放以来，我国与世界各地之间的交流也变得愈加紧密，这对传统武术造成了一定的消极影响。

工业革命以来，全球一体化的趋势愈加明显，这种全球一体化实际上是一把双刃剑，它给传统武术带来了消极的文化影响。长期以来，我国对传统武术一贯的观念是"要发展竞技武术以符合奥林匹克精神"，因此传统武术要想获得世界的认同势必就要不断进行革新与改革。

随着世界格局的变化与发展，人们的生活节奏逐渐加快，传统武术的意义和当代人们的生活方式产生了很大的差距，人们学习并练习传统武术的主要目的是强身健体。不过，传统武术不同于其他简单的体育模式。由于现在人们的生活节奏越来越快，人们更加倾向于去练习简单的体育运动，传统武术与这些体育模式相比，其竞争力明显不足。这也正是传统武术需要正视的现实问题。

2. 学校传统武术教育受到制约

我国各地的学校在对学生讲授基本文化知识的同时，还承担着继承和发扬我国传统武术的重要职责，最初人们对传统武术进入了解阶段，并且传统武术进入人们的课堂是在民国时期。即使传统武术在一定程度上获得了传播与发展，并且已经成为教育体系的一部分，但传统武术的发展状况仍旧不容乐观。现在的教学模式和以往传统的教学形式存在很大的不同，这就严重影响了我国传统武术的弘扬和发展。主要原因有以下几点。

首先，西方体育文化阻碍了传统文化的弘扬和发展。近些年来，西方的体育文化在一定程度上影响了我国传统的民族体育精神，从而导致我国传统武术的发展受到了阻碍。全球一体化使世界各地的交流变得更加密切，也有效推动了文化的传播和发展。然而，全球一体化也同样引来了不良的影响，例如，近年来，不管是中小学还是大学，所开设的体育科目基本上都是由西方传进来的。

其次，武术教师对于传统武术的内涵并不很清楚，很多学校的武术教师也没有很高的文化水平。这些武术教师都只是了解了传统武术内涵的表面知识，缺少一个合理的教学方法，所以大部分学生也都没有兴趣去学习，这也是学生容易接受西方体育文化的主要原因。

再次，继承和发展传统武术的意识淡薄。改革开放以来，全球一体化进程日渐加快，各国之间的联系也越来越紧密，我国为了能够在各方面与世界接轨，顺应时代潮流，大力发展竞技体育。竞技体育之所以能够获得很好的发展，这是与国家在政策上的大力支持是分不开的，再有就是各级体育主管部门积极地发挥职能、落实管理制度，从各方面多角度促进了我国竞技体育的发展进程。但是，在竞技体育迅速发展的过程中却忽视了我国传统武术的教育事业。

最后，对武术课程的重视程度不够。近些年来，国家规定体育院校有责任有义务将传统武术项目作为学生的必修课程。表面上来看，这项举措能够很好地促进传统武术教育事业的发展，但是，面临的实际问题是各个学校的传统武术课程依然形同虚设。

3.民间武馆发展水平参差不齐

最近几年，传统武术事业的发展向前推进了一大步，民间也涌现出了一大批种类不同的武馆。尽管在发展传统武术事业的过程中，这些民间武馆起到了很大的作用。但是从发展和经营上来看它们还是有很多需要改进的问题，并且各自的发展水平也不一致，以至于受到了一定程度的阻碍。

在我国各地有着很多在武艺方面有很高造诣的武术大师，但是，不可否认的是，由于自小学习武艺，这些武术大师在文化功底上有所欠缺。这就导致武馆中的武术教练不能很好地将武术的精华传递给学习者。

我国传统武术的价值与意义并不仅仅局限于强身健体和修身养性。但是目前看来，在传统武术的继承与发扬的过程中，很多学习者的练习目的就是要锻炼身体，也有一部分学习者是为了能够掌握一技之长，为未来的职业发展创造条件。这样的学习不利于传统武术的进一步发展。

目前，我国在发展武术事业的过程中，过多地重视竞技武术的发展，而没有看到传统武术的价值与意义。所以，我国的民间武术培养机构应该树立明确的发展方向，根据发展目标，制定出一套行之有效的培养计划。目前，我国的一些民间武馆表面上以弘扬传统武术为名，实际上所设立的课程基本上都是竞技体育的项目。民间武馆也没有从实际行动上将传统武术的精华传递下去，并且失去了其存在的意义。

4.传统武术在商业化中失去原味

当前，我国各方面事业发展迅速，为了适应市场经济的发展，我国的传统武术事业也要参与市场竞争，逐步建立起自己的武术市场，掌握相对稳定的消费人群。实际上，传统武术能够强健体魄、纯净心灵，相较于其他体育项目来讲，更应该有资格拥有自己的发展市场。不过，在商业化的发展道路中，传统武术却没有意识到自身的重要性，逐渐迷失自我，这主要表现在以下两方面。

（1）传统武术被视为获取商业利润的道具

只要有市场就势必有商业竞争，一旦出现竞争，就会出现一部分人为了在竞争中获得利益，从而采取一些特殊手段的情况。在我国传统武术的经营市场中，有一部分人利用特殊方法拜名师为徒，从而借助师傅的名义大量开设武馆，从而获得利益。这种现象的出现不仅造成了传统武术市场秩序的不稳定，还更加阻碍了传统武术的继承与发扬。

（2）商业化道路制约了传统武术的进一步发展

实际上有部分人表象上看是想要继承和发扬传统武术，然而实际上仅仅是想通过传承人的虚假身份来寻求国家政策和经济上的支持。一旦传统武术的经济价值得以实现，这些传承人就会利用获得的金钱来设立武术培训机构，并销售武术产品，赚取巨大的经济利润，因此传统武术的兴旺对他们来说显得更加没有意义，这就导致弘扬传统武术和获得经济增长之间的天平是难以实现平衡的。

（三）文化因素的制约

1.传统文化中的消极因素的制约

传统武术是在中华文化的孕育下发生和发展的，因此传统武术是一项具有中华特色的人体运动文化。不管从哪个方面来看，武术里面都大量蕴含着中国传统文化，在这当中也会出现一些对传统武术发展造成不良影响的因素。这些不良因素阻碍着传统武术的发展，其主要表现在以下两个方面。

①中国传统武术的载体是家族以及宗法关系，传承者之间的关系只能有两

种,一种是血缘关系,另一种是同宗关系。

②武术在传统发展中基本上处于只传内不传外的特点,而外人想学武术是有很大难度的,即便是武术继承人有心将武艺传授于人,也是有所保留的,从而使得武术不能更好地传承下去。如今,武术在商品经济的市场下,已经成为人们可以消费的商品,学习者不再局限于以往的学习方式,而是通过交学费的形式学习武术。这种做法其实不利于传统武术的发展。

2. 西方体育文化的冲击

西方的体育文化占据了国际社会的主流,并对我国传统武术产生了一定的冲击,从而使得我国的传统武术处于被动地位,发展渐趋非主流化。在与国际接轨的过程中,我国的体育发展得益于改革开放,各种体育项目如雨后春笋般蜂拥而至,如柔道、跆拳道、拳击及篮球等,这就导致我国民族传统体育得不到重视,尤其限制了传统武术的发展,从而导致武术的发展空间逐日减少。国内对那些具有鲜明民族文化特征的项目推崇至极,纷纷加入追求时尚的运动中,如剑道、空手道及跆拳道等项目,因其简单易学的特点,得到多数青少年的青睐。

至今,多数人会选择篮球、瑜伽及健美操等西方体育项目,而对传统太极拳置之不理,由此可见,西方的体育文化已经抢占了中国传统武术的市场,为了适应国际形势,中国武术不得不与西方体育进行结合,从而催生出竞技武术这一武术形式。

传统武术发展前景不容乐观。西方体育文化影响着传统武术的发展理念、训练方法及传承方式等,传统武术受到西方体育文化的影响,其原有的修身养性的发展理念逐渐被西方竞技理念所替代,多数人一味地借鉴西方体育文化,导致竞技武术与传统武术处于严重失衡状态,甚至传统武术有被竞技武术取代的趋势。虽然武术课程也被教育部引入体育教学大纲中,不过,多数学校并未将其作为体育项目教学,而是重视推广西方体育项目,更有甚者,完全取消了传统武术,这使得学生很难对中国传统武术有一定的了解,从而使得传统武术的发展举步维艰。

3. 休闲文化的消极影响

世界受到休闲文化的广泛影响,当代人的生活方式也在不断地变化中。而休闲文化以一切特殊性的活动作为基础,满足人们各种需求。休闲文化在时代发展中,已经成为未来社会发展的趋势,而发达国家与发展中国家都将步入休闲时代。

一般来讲,传统武术会受到休闲文化的影响,在发展中得到一定程度的促进。事实上，休闲往往带有逃避、选择、放纵及满足等意味，这就使得我国多数青少年容易沉迷其中，而对尚武、书法及读书等传统生活体验方式置之不理。

客观来讲，传统武术不仅是优秀传统民族文化的积淀，还具有一定的技术性，休闲文化并不能在理论和实践中与其相提并论。然而，令人意外的是，具有丰富文化内涵的事物往往缺乏深厚的吸引力。休闲文化里面充满着很多有害的生活方式，如历史虚无化以及艺术消费化等，这严重制约着传统武术文化的发展和继承。深入分析后，可以发现其主要原因是传统武术并不是短时间就可以学会的，只有当实践经验足够多的时候，才可以达到传统武术的最高境界。而对于当代人们来说，主要以休闲为主，人们希望能够利用简单的方式来锻炼身体。传统武术并不符合这些要求，也就不会被人们所喜爱。除此之外，当代人们的生活节奏普遍都比较快，也没有多余的时间来学习武术，通常去练习传统武术的一般都是真心喜爱这方面的人，或者是不适合去进行其他体育锻炼的人。

4. 武侠小说和武打影视带来的负面影响

在时代发展中，传媒市场及多样化的媒体为传统武术在世界范围内的传播提供了绝佳平台，不管是武术电影还是武侠小说，极大推动传统武术的发展，不过，其积极发展中也存在消极的影响。

武术小说及电影，这两种艺术形式影响着传统武术的价值及功能，两者为了实现一定艺术效果通常采用的方式是夸张的艺术手法，让观众能够从中享受一种新的感觉，不过，这些违背了传统武术的现实本质。事实上，小说及电影所描述的传统武术作为一种经过艺术加工的武术表演来实现，与现实传统武术的表现背道而驰，武术电影或武侠小说将人们带入不符实际且虚假的传统武术中，而无视传统武术的真实性。另外，从传统武术的普及传承的角度上讲，武侠小说与武侠电影严重影响人们对传统武术的认识及了解。

三、传统武术技法体系的多元重构

为更好地传承传统武术和重构多元传统武术技法体系，可在传承传统武术的过程中，采取正确的对策和方法。这里重点要提的是多元技法体系，该体系以传统武术技法为基础，为满足现代社会需要，将健身养生、娱乐表演、竞技比赛、拼杀制敌等各种目的作为依据，对一些针对性更强、功效更高的武术技法体系进行重构。

传统是一种历史评价而非一种时间规定，多元化的技法体系并非传统的内容，但只要该体系准确把握时代脉搏，在实践中检验并修正传统武术技法，就可以适应社会发展的需求。传统武术技法体系的多元化主要包括以下三个方面。

（一）技击技法体系的多元重构

传统武术技击是一种以战胜敌人为目的拼杀手段。在不断发展的历程中，其逐渐演变成适应面较广的技击体系。这种传统的武术技击适用于防身自卫、保安格斗、军事斗争、公安斗争等领域。尽管在现代社会，传统武术技击缺乏针对性及专业性，但其在社会中的存在意义却是不容忽视的。

从专门性、针对性的角度可知，在现代社会中，传统武术技击缺少一定的针对性、专门性。而这种缺乏多元领域的针对性及专门性，则是现代社会中传统武术技击遇到的最大问题。

客观来讲，传统武术技击已经倾向于朝着多元化的方向发展，不过，人们仍需以传统武术技击作为发展基础，为传统武术技击开辟多渠道发展道路，延续、分化、转化及进化原有的生死格斗形态，以此覆盖更多的特定领域及特定范围。所以，以继承传统武术技击技法、肯定传统武术技击价值作为大前提，对一些针对性更强的专门性的技击体系进行开发及建构，从而使得现代武术技击体系朝着多元化的方向发展，使得现代武术技击体系的普适性得到增强。

此外，通过对多样化的规则进行制定，使得专用于竞技比赛的竞技性技击技法体系得到重构，例如，竞技性防身格斗技法、竞技性保安格斗技法、竞技性公安格斗技法、竞技性军事格斗技法、竞技性传统武术技法等。

维护社会治安，这是公安系统工作人员的主要职责，他们常常需面对各种变化不定的事物，例如，身处环境、面临的对手及将要完成的任务等，这就导致他们身处的环境处于不断变化中，所以，他们需要采取灵活的方式来应对发生的变化。此外，公安系统工作人员在实施行动时，需严守纪律，遵循法律规定，使用合理合法的手段来维护人民利益，使社会处于公正的良好环境下。传统武术体系并不适用于公安工作，也不能完全解决在公安斗争当中出现的问题。因此，在传统武术技法的条件下，需要专门去研究一种针对公安格斗的技法。因此，传统武术体系不能解决行政机关、工矿企业等保安当中出现的问题。

保安面临复杂的工作环境，在保护人们生命财产安全的同时，将会遇到歹徒或小偷，保安在遵纪守法的基础上，要有保护他人安全的观念和责任。此时使用的保安格斗是不同于传统武术技击的，因此，要以传统技击体系为前提，对保安格斗的基本规律进行深入研究，使得针对性更强的专门性的保安格斗技法体系能够得以建构。

如今的社会，法制化与社会文明程度发展明显，防身自卫与保安格斗有些类似之处。与传统武术技击相比，适当的防身自卫需要严格规范自卫条件与动作幅度。另外，所谓的防身自卫指的是个人自我保护的一种格斗，而保安格斗则是保护他人生命财产安全的格斗，两者显然不同。此外，现代武术技击技法体系的重新建构，需明确残疾人防身的技法与健全人防身的技法、儿童防身的技法与成年人防身的技法、男子防身的技法与女子防身的技法等适用于各种人群的技法区别。

事实上，竞技比赛在传统武术发展史上很少引起重视，而且竞技比赛与传统武术竞技比赛相比，形式较为单一。不过，这也并不意味着传统武术无法开展竞技比赛或只能非常单调地开展。传统武术技击与现代竞技武术有本质的区别。现代竞技武术在比赛中，被各种竞技规则引导并制约，从而使其具有安全性、规则性及固定性，然而，应急性、无规则性和致命性则是传统武术在实战对抗中表现出的特性。我国在发展传统武术技击的过程中，并没有对竞技武术及其技法体系给予否定，而是以继承与弘扬传统武术技击体系为基本前提，并且以防身格斗技法、保安格斗技法、公安格斗技法、军事格斗技法等作为技法重构基础，投入大量的人力与物力，使得现代武术竞技技法体系得以完善。

总之，要想吸引更多的人参与进来，就要对武术技击体系的针对性与专门性进行加强；要想有更多数量的练习人员参与，就要使得武术技击体系的多样化最大限度地得到实现。要想真正实现传统武术技击体系的发展，就要使得传统武术技击体系在不同时期都能够焕发青春活力，从而更好地满足社会所需，使其拥有更为强大的生命力。

（二）套路技法体系的多元重构

如今，为数不少的武术家，甚至那些现代青年武术练习者，都对武术套路的技击功能推崇之极，在他们的观念中，武术技击的特殊记录方式便是武术套路，而且将套路作为武术技击实战的初级而重要的训练阶段。而事实上，哪怕是技击性很强的传统武术套路，也不可能只具有技击性质。尽管在现代社会，传统的武术套路的技法体系具有健身养生、娱乐表演等价值，但是由于价值功能复合性带来的影响，在很多种领域都出现了弊端。现代社会所体现出的武术技法，在多元领域缺乏一定的针对性及专门性，从而使得自身的普适性受到一定程度的影响。

在休闲文化中，充斥着诸多不良的文化生活方式，这严重阻碍了传统武术文化的理解及继承、制约了传统武术的发展。究其原因，对于传统武术，只有习武者的实践积累到一定程度后，方可达到传统武术的最高境界。而在以休闲为主的文化意识形态的当代，人们更愿意通过简便快捷的方式达到强身健体、修身养性的目的，与此现状截然相反的传统武术自然不会受到人们的欢迎。

如今练习传统武术的人将传统武术作为强身健体的工具。对于这类练习者而言，他们仅仅将其作为强身健体的工具，并不看重动作的规范性，甚至不会受到专业人士的影响。针对这种普遍存在的现象，应当给予肯定，但是对于那些所谓的"专业人士"单从传统的专业角度进行的评论应当加以抵制，传统武术的价值之一便是强身健体，应该尊重每个练习者进行价值选择的权利。

所以，对人体养生基本规律进行研究，同时掌握人体养生的基本原理，从而构建养生性套路，使其具有一定专门性，具有一定的意义。如今的武术套路正在慢慢和技击分离，更加倾向于朝着纯粹艺术的方向发展，通过协调、适宜等动作方式，对武术的技击含义进行展现乃至适当地夸张，从而赋予武术套路个性美。

其实，这种武术套路的艺术化倾向并未得到保守的正统武术家的认可，不过，这种技法的全新呈现确实具有极大的推动意义，像时下流行的健身操中带有武术套路的动作、街舞中带有武术套路的舞步、流行歌曲中带有武术套路的伴舞及专用于表演的艺术性武术套路等各个情境中，都可见武术套路的艺术化，都是可以被纳入武术套路的范畴当中的。

（三）新型技法体系的多元重构

对于新型技法体系的多元重构，不仅可以创新构建传统武术套路和传统武术技击，还可从传统武术独立出技击或套路中的一些环节及方法，同时开发构建相对独立的技法体系，如武术功法体系、条件实战体系等。

无极桩、太极桩、三体式桩等是经历代武术家传承下来的武术功法体系，以安全性作为基本考量，并对多条件限制的技击进行设置，从而得出如下一些体系，包括太极推手体系、其他拳种的推手体系、各家的假设性攻防练习体系等。

在传统的辅助性训练方法中，传统武术技击或传统武术套路训练形成的各种桩功，具有竞技比赛及娱乐表演的价值。如今广为流传的太极推手，起初只是太极拳技术训练中的一个环节，如今也变为一种独立的存在。

在新型技法体系里，那些功能不复杂且不与其他技法相结合的技法体系，并不是不能改变的。与古代技法中技击和讨论的结合相似，同样可以将这些技法进行相互结合，从而来形成相互统一的技法。此外，根据社会的需求，也会有很多自由组合技法和多样化体系被创建出来。

总之，人们需以弘扬传统武术为基础，正视及引导现代社会业已出现的武术技法体系的多元化问题，同时以社会所需及条件要求为依据，对更多的武术技法体系进行重新构建及组合,其中包括学习传统武术的目的、身体状况、性别、年龄、职业等，这些都是现代武术技法体系的基本依据。

参考文献

[1] 蔡利敏. 传统武术文化透视与传承发展研究[M]. 北京：中国商务出版社，2016.

[2] 王国成. 传统武术文化传承与发展研究[M]. 北京：华文出版社，2017.

[3] 蔡峰，张建华，张健. 武术礼文化的内涵探讨及其价值研究[J]. 沈阳体育学院学报，2018，37（2）.

[4] 陈新萌. 形塑与归因：中国武术"意会"文化阐释[J]. 体育学研究，2019，2（2）.

[5] 程斌，高健. 中国传统文化对武术拳种形成与命名的影响[J]. 体育文化导刊，2017（8）.

[6] 褚玉杰. 解读传统武术承传方式及其价值的审视[J]. 中华武术（研究），2019，8（5）.

[7] 董川，陈玲，邵继萍，等. 国际化进程中武术文化自信建构的理论研究[J]. 武汉体育学院学报，2019，53（3）.

[8] 段丽梅，杨国珍. 中国武术中"意"的文化内涵与阶序诠释[J]. 成都体育学院学报，2019，45（1）.

[9] 方云峰，郭丰平. 中国武术的价值追求及其现代意义[J]. 东南大学学报（哲学社会科学版），2015，17（6）.

[10] 冯素琼. 传统武术文化内涵下新时代"文化自信"构建路径探索[J]. 广州体育学院学报，2018，38（3）.

[11] 高亮，麻晨俊，张道鑫，等. 在场与出场：中国武术阴阳思想探析[J]. 体育学研究，2019，2（2）.

[12] 高明，谢慧松. 武术文化研究进展探析[J]. 体育文化导刊，2018（6）.

［13］耿彬．试析武术推广与传统茶文化对外传播的结合［J］．福建茶叶，2018，40（12）．

［14］郭春阳，吕旭涛．全球化背景下中国武术文化的认同危机及其应对［J］．体育学刊，2018，25（5）．

［15］韩金清，王岗．中国武术文化中的处世智慧［J］．体育文化导刊，2018（2）．

［16］韩晓明，胡晓飞．城市化进程中传统武术文化传承的困境及对策［J］．体育文化导刊，2019（2）．

［17］洪浩，郭怀．论传统武术竞技化［J］．成都体育学院学报，2006（5）．

［18］李臣，张帆．中国武术文化品牌化推进路径［J］．上海体育学院学报，2018，42（4）．

［19］李守培，郭玉成．中国传统武术身心伦理的文化形成［J］．体育科学，2017，37（4）．

［20］李义杰．武侠电影对中国武术文化符号的选择呈现及传播启示［J］．西南民族大学学报（人文社科版），2019，40（2）．

［21］刘祥友，郭志禹．新疆武术文化初考［J］．体育学刊，2018，25（1）．

［22］陆小黑，张道鑫．文化软实力视域下中国武术的特有价值研究［J］．山东体育学院学报，2018，34（2）．

［23］陆小黑，朱大梅，张道鑫．传统文化复兴背景下中国武术的生态失衡与回归［J］．沈阳体育学院学报，2018，37（3）．

［24］孟治平．中国武术教育之思考［J］．武术研究，2019，4（4）．

［25］彭鹏，雷学会，邵艳艳，等．武当武术文化遗产研究述评［J］．武汉体育学院学报，2018，52（12）．

［26］任婷婷，刘建．文化自信视域下新疆武术文化发展研究［J］．广州体育学院学报，2019，39（2）．

［27］阮纪正．传统武术文化论纲［J］．体育学刊，2017，24（6）．

［28］孙刚．论中国武术审美文化中的意象系统［J］．山东体育学院学报，2018，34（2）．

［29］田文林．清代民间武术组织对武术文化的历史传承［J］．山西档案，2016（5）．

［30］王岗，金向红，马文杰．对走进新时代的中国武术文化研究的思考［J］．首都体育学院学报，2019，31（1）．

［31］王岗，赵连文，朱雄．"再发现"与"再出发"：中国武术发展的

文化反思［J］．体育学研究，2019，2（2）．

［32］王家忠．荆楚武术文化研究［J］．安徽师范大学学报（自然科学版），2017，40（5）．

［33］王军伟，王震．中国武术的文化使命及实现路径［J］．体育文化导刊，2018（9）．

［34］王纳新，于秀．传统武术文化的道家渊源与精神［J］．山东体育学院学报，2017，33（3）．

［35］王志华，向勇．新时代中国传统武术发展研究［J］．体育文化导刊，2018（11）．

［36］温搏，焦艳菊．论传统武术文化对外传播的三个支点［J］．体育文化导刊，2018（6）．

［37］吴保占．论武术表演文化的价值功能及其实现［J］．体育文化导刊，2017（9）．

［38］杨建营，王水利．中华武术的文化精神研究［J］．武汉体育学院学报，2019，53（3）．

［39］姚丹，李士英．新时代我国中小学武术教育核心素养实现障碍及解决路径［J］．体育文化导刊，2019（3）．

［40］尹菲．太极武术时代与茶文化思绎［J］．福建茶叶，2018，40（6）．

［41］张海冰．浅议古代江湖文化与武术文化的异同［J］．广州体育学院学报，2019，39（1）．

［42］张建丰．基于文化自信的武术文化身份认同研究［J］．南京体育学院学报（社会科学版），2017，31（4）．

［43］张艳．传统茶文化下中国武术文化创新性发展探讨［J］．福建茶叶，2018，40（11）．

［44］郑薇娜，王宏．武术文化使命研究［J］．体育文化导刊，2017（3）．

［45］周圣文，周惠新．传统武术提升文化软实力的路径研究［J］．传媒论坛，2019，2（8）．

［46］朱丽霞．现代化转型下武术教育的时代价值［J］．武术研究，2019，4（4）．